Emanzipatorische
Männergruppen
in der
Sozialen Arbeit

Saleem Matthias Riek

Emanzipatorische Männergruppen in der Sozialen Arbeit

Impressum

1. Auflage November 2022

Bibliografische Information der Deutschen Nationalbibliothek:
Die Deutsche Nationalbibliothek verzeichnet diese Publikation in der Deutschen
Nationalbibliografie; detaillierte bibliografische Daten sind im Internet über
http://dnb.dnb.de abrufbar.

© 2022 Saleem Matthias Riek, www.schule-des-seins.de

Coverfoto von 建鵬 邵 auf Pixabay

Herstellung und Verlag: BoD – Books on Demand, Norderstedt

ISBN: 978-3 7568 44746

Inhaltsverzeichnis

VORWORT 11

TEIL I: WOVON ICH AUSGEHE 15

1. EINLEITUNG, ZUGANG ZUM THEMA – STRUKTUR DES BUCHES 16
2. METHODE, WISSENSCHAFT UND SPRACHE PERSÖNLICHER ANSATZ - WISSENSCHAFT UND MÄNNERHERRSCHAFT - SINNLICHE SPRACHE 19
3. DIE AUSGANGSSITUATION IN MEINEM PRAKTIKUM UND DARAUS FOLGENDE FRAGESTELLUNGEN, ALS MÄNNLICHER BERATER IN EINER INSTITUTION DER FAMILIENPLANUNG - ANGEBOT EINER MÄNNERGRUPPE ALS KONSEQUENZ - BÜROKRATISCHE HÜRDEN 23
4. MEINE PERSÖNLICHE BETROFFENHEIT BEIM THEMA MÄNNLICHKEIT, EMANZIPATION UND MÄNNERGRUPPEN 27

TEIL II: GESELLSCHAFTLICHER HINTERGRUND VON MÄNNEREMANZIPATION . 31

5. SOZIALER UND HISTORISCHER ZUSAMMENHANG DER ENTWICKLUNG VON MÄNNERGRUPPEN UND DER IDEE DER MÄNNEREMANZIPATION, THEMA MANN VOR DEM MASSENINTERESSE – DIE FRAUENBEWEGUNG UND DIE REAKTION DER MÄNNER – WURZELN, ENTWICKLUNG UND EINSCHÄTZUNGEN DER MÄNNERGRUPPEN UND MÄNNERBEWEGUNG – SCHEU VOR DER ÖFFENTLICHKEIT CONTRA POLITISCHE AKTIVITÄTEN 32
6. IDEOLOGIE UND PROBLEMATIK DES BEGRIFFS 'MÄNNLICHKEIT' MÄNNLICHKEIT ALS NORMSETZENDER, WERTENDER UND LEGITIMIERENDER BEGRIFF OHNE FEST BESTIMMBAREN INHALT 39
7. GESELLSCHAFTLICHE PROZESSE, DIE DAS MANN-SEIN VERÄNDERN 42
8. WER UNTERDRÜCKT DENN NUN WEN UND WIE UND WARUM? 47
9. DIE SEXUALITÄT ALS ZENTRALE DER SEXISTISCHEN UNTERDRÜCKUNG 53

TEIL III: BEGRIFF UND BEDINGUNGEN DER MÄNNEREMANZIPATION 61

10. WAS IST EMANZIPATION? 62
11. WAS IST MÄNNEREMANZIPATION? 65

12. WAS MOTIVIERT MÄNNER, SICH ZU ÄNDERN? 68

13. WOVON MÜSSEN MÄNNER SICH EMANZIPIEREN? 75

  l) Männer und ihr Verhältnis zu sich selbst 75

  2) Männer und ihre Beziehungen 79

14. WOHIN WOLLEN MÄNNER SICH EMANZIPIEREN? WAS WÜNSCHEN MÄNNER, WAS ERTRÄUMEN SIE, WELCHE UTOPIEN HABEN SIE? 85

15. DER ZUSAMMENHANG VON PERSÖNLICHER MÄNNEREMANZIPATION UND POLITISCHER VERÄNDERUNG 91

16. DIE MÄNNERGRUPPE ALS EMANZIPATORISCHER PROZESS 94

  l) "Die Gruppe kann mehr als der einzelne." 94

  2) In der Tradition von Selbsthilfegruppen? 94

  3) Auf dem Wege in die Männergruppe: Widerstände 95

  4) Gruppenfindung 96

  5) Phasen des Gruppenprozesses 97

  6) Inwiefern können die Männergruppen-Prozesse als emanzipatorisch bezeichnet werden? 100

  7) Widersprüche und Schwierigkeiten im Emanzipationsprozess der Männergruppe 103

17. MÄNNEREMANZIPATION UND SCHWULSEIN 107

18. WARUM KÖNNEN DIE BESCHRIEBENEN SCHRITTE DER EMANZIPATION NICHT AUCH IN GEMISCHTEN SELBSTERFAHRUNGSGRUPPEN GEGANGEN WERDEN? ODER: DIE ANGST DER MÄNNER VOR DEM SEPARATISMUS DER FRAUEN 116

TEIL IV: MÖGLICHKEITEN UND GRENZEN VON EMANZIPATORISCHEN MÄNNERGRUPPEN IN DER SOZIALEN ARBEIT 119

19. DIE PROFESSIONALISIERUNG DER IDEE DER MÄNNEREMANZIPATION 120

20. AUSWERTUNG DER 'EXPERTEN-INTERVIEWS' 127

21. DIE SMD - MÄNNERGRUPPE 138

22. WELCHE BEDEUTUNG HABEN MÄNNERGRUPPEN IN DER UND FÜR DIE SOZIALE ARBEIT UND INWIEFERN SIND SIE EMANZIPATORISCH? 146

23. DAS VERHÄLTNIS VON MÄNNERGRUPPEN IN DER SOZIALEN ARBEIT ZU SELBSTHILFE - MÄNNERGRUPPEN 155

24. IST DENN NUN MÄNNEREMANZIPATION MÖGLICH? – EINSCHÄTZUNGEN – 161

TEIL V: LITERATUR, ANHANG UND ANMERKUNGEN 165

25. LITERATURVERZEICHNIS.. 166

26. ANHANG.. 173

Schriftwechsel zur Einrichtung einer Männergruppe in einem Berliner
Bezirksamt 173

27. ANMERKUNGEN 179

9

Vorwort

Emanzipatorische Männergruppen? Die Wortwahl klingt etwas verstaubt. Das ist kein Wunder, denn bei dem vorliegenden Werk handelt sich um meine Diplomarbeit an der Berliner Fachhochschule für Sozialarbeit und Sozialpädagogik (damals FHSS, heue Alice Salomon Hochschule), die ich im Jahr 1983 eingereicht habe.

Heißt das, die Ausführungen von damals haben heute kaum noch Relevanz? Möglicherweise mehr, als es zunächst den Anschein hat.

Es gab damals eine bunte Szene von Männern, die sich euphemistisch als '"Männerbewegung" verstanden, allerdings nicht ohne diesen Begriff in selbstkritischer Reflektion auch gleich wieder zu problematisieren. Vieles aus dieser Szene kommt im Text – oft im Originalton – zum Ausdruck und er ist insofern ein spannendes Zeitdokument. Mich bringt allein schon die Sprache von damals immer wieder zum Schmunzeln.

War die Männer-Szene ein Pendent zur Frauenbewegung? Sicher nicht. Dennoch gab es vielfältige Aktivitäten von Männern, die sich zusammen mit anderen Männern mit Fragen des Mann-Seins und ihrer Männlichkeit auseinandergesetzt haben. Manche sahen sich als "profeministische" männliche Avantgarde, andere wollten sich von ihrer heteronormativen Sexualität befreien, obwohl sie diesen Begriff noch gar nicht kannten, wieder andere wollten endlich die Schattenseiten des Mann-Seins thematisiert sehen, die ihnen selbst und ihren Mitmenschen übel mitspielen.

Damals war das Thema "Männer" noch weitgehend ein Nischenthema. Heute ist es einerseits im Mainstream angekommen, andererseits kann sich bei der Lektüre dieser Diplomarbeit der Verdacht einschleichen, dass sich fundamental seither wenig verändert hat. Eine Bundeskanzler*in* war damals Zukunftsmusik, genauso wie offen schwule Bundesminister oder die Vorschrift, Stellenanzeigen auch für Angehörige eines "diversen" Geschlechts auszuschreiben.

Haben sich die "Herrschaftsverhältnisse" zwischen Männern und Frauen in den letzten 40 Jahren grundlegend gewandelt? Die Einschätzungen über die Bedeutung des Geschlechts in politischen Fragen variieren heute womöglich noch stärker als damals. Grundlegende Fragestellungen sind – auch wenn sich die Wortwahl geändert hat – oft noch die gleichen.

Im Mittelpunkt meiner Diplomarbeit stand die Frage, ob Männergruppen emanzipatorisch wirken können bzw. wann sie emanzipatorisch zu nennen wären und wann nicht. Die Fragestellung klingt heute antiquiert, ja fast peinlich. Nicht unbedingt deshalb, weil es selbstverständlich geworden wäre, dass Männer sich über persönliche Angelegenheiten austauchen. Nein, ganz im Gegenteil unterliegen Männergruppen immer noch dem Verdacht, dass dort belanglose Nabelschau betrieben wird und normale Männer so etwas nicht nötig haben.

Peinlich klingt diese Fragestellung in meinen Ohren eher deshalb, weil der optimistische Glaube an Fortschritt durch Emanzipation aller gesellschaftlich diskriminierten Gruppen – damals noch ein Relikt des Aufbruchs in den 68er Jahren – längst einer pessimistischeren Weltsicht gewichten ist: Wird die Menschheit sich vor den Folgen und Konsequenzen ihres zerstörerischen Verhaltens noch retten können?

Noch immer wird prominent die These vertreten, dass vor allem Männer für die Desaster der menschlichen Zivilisation verantwortlich sind. Doch der Handlungsdruck durch sich verschärfende Krisen planetaren Ausmaßes – vom Artensterben über die Klimakatastrophe bis zum drohenden Atomkrieg – lässt die Frage einer gendergerechten Betrachtungsweise als Luxusproblem erscheinen.

"Das Private ist politisch" war seinerzeit ein beliebter Slogan und eine wesentliche Erkenntnis fortschrittlicher Gruppierungen, die auch dem nachfolgenden Text als Subtext zugrunde liegt. Doch der Optimismus, dass persönliche Bewusstseinserweiterung sich automatisch in gesellschaftlichem Wandel hin zu mehr Gleichberechtigung, Menschlichkeit und Respekt vor unseren natürlichen Lebensgrundlagen niederschlägt, diesen Optimismus teile ich heute nicht mehr. Und das, obwohl meine berufliche Tätigkeit seit damals Ausdruck dieses einen Wunsches war und ist: dass wir uns persönlich weiterentwickeln und damit nicht nur uns selbst, sondern auch der Welt, in der wir leben, einen wichtigen Dienst erweisen.

Wenn ich heute meine Zeilen von damals lese, fällt mir nicht zuletzt ein feministisches Über-Ich auf, das mich viele Jahre geprägt hat. Ich war mir sicher, dass wir Männer, die wir über Jahrtausende die Welt beherrscht haben, die wesentliche Verantwortung dafür tragen, was alles schief läuft auf dem Planeten Erde. Meine naheliegende Antwort darauf war: Mann, konfrontiere dich mit dir selbst! Worunter du die Welt leiden lässt, darunter leidest du auch selbst. Lerne das wahrzunehmen und zu fühlen! Lass endlich die Frauen in Ruhe und kümmere dich um dich selbst!
Diese in Ansätzen missionarische bis ideologische Haltung gegenüber meinem eigenen Geschlecht hat ihre Dominanz über mein Denken und Handeln weitgehend verloren. Heute sehe ich das deutlich differenzierter, wie es auch in meinen späteren Büchern, nicht zuletzt in "Lustvoll Mannsein"[1] zum Ausdruck kommt.

Die deutlichste Konsequenz dieser Entideologisierung: Ich sehe den Austausch unter Männern immer noch als eine hervorragende Möglichkeit der persönlichen Weiterentwicklung an. Doch ich würde sie nicht mehr der gemeinsamen Weiterentwicklung von Frauen und Männern vorziehen. Wir alle, Frauen und Männer und je nach Betrachtungsweise auch weitere Geschlechter, stehen in Verantwortung für uns selbst, füreinander und für die Welt, in der wir leben. Mögen wir uns dieser Verantwortung stellen, jede und jeder auf seine Weise.

Dieses Buch vierzig Jahre nach seiner Entstehung zu veröffentlichen, bedeutet nicht, dass ich meine damals vertretenen Thesen durchweg für zeitgemäß halte. Das sind sie höchstens teilweise. Doch der Blick zurück schärft

---

[1] Saleem Matthias Riek und Rainer Salm: Lustvoll Mannsein, Kamphausen 2015

manchmal den Blick auf das heutige Zeitgeschehen und den Blick nach vorne. Dieses Buch ist die Einladung zu einer Zeitreise. Manches, was heute gendermäßig für hochaktuell gehalten wird, wurde schon damals heiß diskutiert, als den Begriff Gender hierzulande kaum jemand kannte. Anderes, was damals als undenkbar galt, ist heute selbstverständlich. Manches kommt uns heute seltsam vor, manches zum Fremdschämen, wieder anderes rührend, und einiges vielleicht auch inspirierend, gerade weil es nicht taufrisch und doch hochaktuell ist.

Ich wünsche eine genussvolle und erkenntnisreiche Reise zurück in eine Zeit, in der die Beschäftigung mit Männlichkeit Wurzeln geschlagen hat, die bis heute vielfältige Blüten hervorbringen.

Freiburg im Breisgau, Oktober 2022

Teil I: Wovon ich ausgehe

1. Einleitung, Zugang zum Thema – Struktur des Buches

Das Thema ist Neuland in der Sozialarbeit. Berufstätige Männer, verheiratet, vielleicht noch Kinder, mit ordentlicher Wohnung, ausreichendem Einkommen, oder Studenten, Alternative, sie sind normalerweise die letzten Kunden der Sozialarbeit. Ich möchte zeigen, dass die 'männliche Problematik' ein Thema ist, vor dem jede Soziale Arbeit - und nicht nur die Sozialarbeit im engeren Sinne - nicht länger die Augen verschließen sollte.

Mein erster Zugang zum Thema ist meine Betroffenheit als Mann in einer männerbeherrschten Gesellschaft, unter der auch ich leide. Ich suche praktisch und - wie in dieser Arbeit - theoretisch nach Möglichkeiten meiner Emanzipation. Und ich war in Männergruppen.

Mein zweiter Zugang ist die Frage nach einer Berufsperspektive in der Männerarbeit. Es gibt bereits einige Männergruppen in der Sozialen Arbeit, über die ich einige Gruppenleiter interviewt habe. Und ich habe im Rahmen meines Projektpraktikums eine Männergruppe beim SMD (Sozialmedizinischer Dienst für Eheberatung, Familienplanung und Schwangerschaft) initiiert und eine Weile begleitet.

Meine persönliche Betroffenheit und die Suche nach meiner Emanzipation ist sowohl in meinem Leben als auch in dieser Arbeit die Grundlage bei der Auseinandersetzung mit Männeremanzipation und Männergruppen. Erst davon ausgehend interessiert mich die Frage, inwieweit Männerarbeit für mich oder andere Männer eine Berufsperspektive sein könnte.

In meinem Projektpraktikum trafen sich meine beiden Zugänge zum Thema. Ich fühlte mich persönlich betroffen, als ich in der Familienplanungs- und Schwangerenberatung das Ausmaß der Mann-Frau Konflikte begriff, denen sich Männer versuchen systematisch zu entziehen: z.B. indem sie nicht mit zur Beratung kommen. Und ich fühlte mich als männlicher Berater betroffen und suchte nach Möglichkeiten, meine persönliche und professionelle Betroffenheit umzusetzen. Ich initiierte ein« geleitete Männergruppe beim

SMD als spezifisches Angebot an Männer, die sonst meist der Beratungsstelle fernbleiben.

Das Praktikum ist also die Ausgangssituation, von der her ich diese Arbeit beginne. Dann möchte ich erstmal den Blick zurückschweifen lassen und seine persönliche Entwicklung beleuchten, die mich auf die Suche nach Männeremanzipation gebracht hat.

Damit stehe ich aber nicht alleine. Ich möchte untersuchen, welche gesellschaftlichen Strukturen und Entwicklungen Männergruppen hervorgebracht haben und von welchen Voraussetzungen Männeremanzipation auszugehen hat. Dabei geht es vor allem um einen Unterdrückungsbegriff, an dem die Widersprüchlichkeit der Männeremanzipation aufgezeigt werden kann.

Zentrales Thema dieser Arbeit ist die Frage, was ist überhaupt Männeremanzipation, was motiviert Männer, wovon müssen sie Abschied nehmen, wo wollen sie hin und wie können sie das angehen. Und welche Klippen und Fallstricke lauern auf dem Weg ins Emanzipationsparadies. Für dieses Thema habe ich viel Material zusammengetragen, um zu sehen, was andere Männer dazu zu sagen haben. Konkret machen will ich die Möglichkeiten der Männeremanzipation am Prozess der Männergruppen: Was geht da vor und wie kann mann sich da ändern? Und so viel will ich schon verraten: Männeremanzipation hat m.E. auch etwas mit Schwulem zu tun. Wie und warum, dazu später ...

Dann erst gehe ich der Frage nach, die in der Lage ist, dieser Schrift den Status einer Diplomarbeit im Fach Sozialarbeit/Sozialpädagogik zu verleihen: Was sind Möglichkeiten und Grenzen geleiteter Männergruppen in der Sozialen Arbeit. Welche Erfahrungen haben andere Männer als Gruppenleiter gemacht, was lief in der SMD-Männergruppe? Und was hat das mit Männeremanzipation zu tun? Welche Konsequenzen muss eine emanzipatorische Sozialarbeit ziehen?

Davon ausgehend möchte ich die verschiedenen Formen von Männergruppen zwischen Selbsthilfe und Therapie auf ihre verschiedenen Möglichkeiten hin vergleichen und Handlungsperspektiven aufzeigen.

Als Nachtisch gibt's dann einige Einschätzungen zu der Frage, können und wollen Männer sich wirklich emanzipieren?

2. Methode, Wissenschaft und Sprache
Persönlicher Ansatz – Wissenschaft und
Männerherrschaft – sinnliche Sprache

Was mich bewegt, über Männeremanzipation zu schreiben, das bin ich mit meinen Wünschen und Träumen, aber auch Ängsten und Widerständen: mein Interesse lässt mich die Dinge so sehen und verstehen und nicht anders. Meinen persönlichen Hintergrund möchte ich deswegen soweit transparent machen, dass für andere Männer nachvollziehbar wird, wie und warum ich zu bestimmten Konsequenzen komme.

So wäre z.B. die These 'Männeremanzipation beinhaltet Schwulsein' unterschiedlich zu bewerten, je nachdem ob derjenige, der die These vertritt, sich als schwul bezeichnet oder nicht. Unabhängig davon, ob die These richtig oder falsch ist, redet er auch von sich: Im einen Fall bestätigt er sein Schwulsein als emanzipiert, im anderen Fall offenbart er sein nach eigener Auffassung bestehendes Defizit: Er ist noch nicht schwul/emanzipiert.

Was im Allgemeinen geschieht ist, dass der Autor die Leser über seine persönlichen Hintergründe im Unklaren lässt. Das ist Privatsache.

Meine Arbeit ist auch Privatsache! Es geht mir nicht um neutrale, objektive Erfassung und Darstellung von Männern und ihren Gruppen. In dieser Arbeit will ich zunächst etwas für mich klären, meinen Bezug zur Männeremanzipation und zu Männergruppen auf der persönlichen und auf der professionellen Ebene. Mein Mann-Sein bestimmt die Art meiner Fragestellungen und Behauptungen.

Mein Mann-Sein ist sozusagen der Boden, auf dem meine Gedanken wachsen und andere verdorren. Meine Arbeit ist die Landschaft, die daraus entsteht. Um mit einer Landschaft etwas anzufangen kann es sehr nützlich sein, etwas über die Beschaffenheit des Bodens zu wissen, z.B. um geschmacklose, durch Kunst-dünger hochgezüchtete Apfel von geschmackvollen zu unterscheiden. Indem ich meinen persönlichen Hintergrund transparent mache, relativieren sich meine Thesen, der Bezug zu mir wird offensichtlich.

Da die meisten Autoren sich über sich selbst aus- schweigen, z.T. um über andere 'umso mehr herzuziehen'[1], gehe ich in der Interpretation anderer Autoren den umgekehrten Weg: Mann kann auch in den Apfel beißen, um festzustellen, wie der Boden beschaffen sein muss oder zumindest sein könnte.

Ich will - in Grenzen - also auch meine Fantasien darüber mitteilen, wie andere zu anderen Fragestellungen und Behauptungen kommen konnten.

Diese Arbeit ist also subjektiv wie jede andere auch, mit dem kleinen Unterschied, dass ich gerade auch meine Subjektivität hier veröffentliche.

Und ich bin auch parteilich. Zunächst für mich selbst, wer sich anschließen will oder schon auf demselben Wege ist: Das wäre nett, wenn Ich nicht allein bliebe.

Wer andere Wege gehen will, hat die Chance zur Auseinandersetzung.

Es geht auch um ein Thema, bei dem ich mich nicht als Außenstehender, als Beobachter fühlen kann. Ich vertrete und lebe einen Standpunkt dazu: Ich bin Betroffener des "Elends der Männlichkeit"[2], wie Vinnai sein Buch (zu-)vielversprechend genannt hat.

Ob dieser Ansatz, von mir selbst auszugehen als Betroffener und auf diesem Boden meinen Standpunkt zur Fragestellung zu erarbeiten, wissenschaftlich ist oder nicht, das wäre mir im Prinzip egal. Es ist der Ansatz, der mich weiterbringt. Trotzdem will ich dieser Präge etwas Beachtung schenken, schließlich handelt es sich hier um eine Diplomarbeit, an die der Anspruch 'wissenschaftlich' gestellt ist.

In der Analyse dessen, was Wissenschaft heute ist, befinde ich mich schon inmitten der Erörterung dessen, was und wie Männer heute sind: "Männer dürfen keine Gefühle zeigen. Männer müssen sich bewähren im Konkurrenzkampf. Männer kämpfen um ihre Position.

Und damit sind Männer schon völlig aufnahmebereit für den Virus Wissenschaft."[3] Und "Frauen eignen sich nicht für wissenschaftliche Arbeiten: Na Gott sei Dank, sie haben sich nicht in diese Zwangsjacke amputierter Hirne packen lassen ..."[4]

Trotzdem stellt sich auch beim Schreiben dieser Arbeit heraus, dass ich von der Fähigkeit zur vorübergehenden Gehirnamputation - nein, eher von der

Fähigkeit zur Unterdrückung meiner Gefühle - auch profitiere. Der Zwang, diese Arbeit zu schreiben, belastete mich nicht so arg. Obwohl ich in dieser Zeit zum ersten Mal in meinem Leben richtig eifersüchtig bin, Schreiben geht fast immer.

Was ich mir dafür einhandele: Ich habe weniger Mühe, an einer Wissenschaft teilzuhaben, deren wahres Gesicht nicht allzu freundlich aussieht: "Denn die Wissenschaft muss endlich begriffen werden als Institutionalisierung der Denkform einer auf Unterdrückung und Männerherrschaft beruhenden Gesellschaft."[5] Ich bin geneigt, mit Claudio Hofmann die Konsequenz zu ziehen und die Aufhebung der herrschenden Wissenschaft zu fordern. Zumal mein Ansatz, aus meiner Betroffenheit heraus zu schreiben, der herrschenden Wissenschaft widerspricht: der "Trennung des erkennenden Subjekts vom erkannten Objekt"[6], der "Trennung des Erkenntnisprozesses von den Anwendungen"[7]? Letztere Trennung werde ich in dieser Arbeit nicht ganz ausschalten können, da das Schreiben mich von der Praxis der Männergruppen doch entfernt. Ich hoffe aber, die gewonnenen Erkenntnisse später wieder in die Praxis der Männeremanzipation einbringen zu können.

Das Problem der Wissenschaftlichkeit bezieht sich auch auf die Anwendung: "Jeder Versuch, mit wissenschaftlichen Methoden eine psychologische und soziale Betreuung aufzubauen, führt zur psychischen Verelendung."[8]
Daran will ich mich nicht beteiligen. Ich will meine Erkenntnisse nicht als objektiv oder nur objektivierbar ausgeben; was ich hier schreibe, ist ein Teil von mir, und der wird spätestens durch die Veröffentlichung auch soziale Realität. An diesem Punkt stimme ich mit Theweleit überein, der das Denken in Objekt/Subjekt, rational/irrational und real/irreal - Widersprüchen als überholt bezeichnet: "In Wahrheit sind diese Gegensatzpaare auf das Paar negativ/positiv bezogen, auf die Unterscheidung richtig/falsch. Es sind wertende Begriffe, vor allem verurteilende. Sie stützen Systeme, nicht Erkenntnisse, und die Systeme, aus denen sie stammen, sind überlebt."[9] (Das letztere ist allerdings noch die Frage ...)

Während Hoffmann keinen Sinn darin sieht, den Begriff Wissenschaft zu retten, sondern lieber von Alternativen spricht, sieht Theweleit noch eine Chance darin, die "... Wunschproduktion des Unbewussten zum Motor der Wissenschaft (zu) machen..."[10]

Meinem Ansatz am nächsten kommt ein feministischer Umgang mit Wissen, der "... Weg von der eigenen Erfahrung und Betroffenheit hin zum gemeinsamen Handeln und zur Selbsthilfe ..."[11], wie Claudio Hofmann es versteht. Sicher gibt es auch unter Frauen große Auseinandersetzungen um Wissenschaft, Männer können jedoch zunächst überhaupt nicht von gemeinsamen Interessen ausgehen und deswegen die Konsequenz gemeinsamen Handelns nicht so leicht ziehen.

Den Anspruch der Wissenschaftlichkeit möchte ich auf formale Kriterien wie Kennzeichnung des verwendeten Materials reduzieren und im Weiteren dem Leser überlassen, der ihn nicht aufzugeben bereit ist. Ich möchte verständlich, nachvollziehbar und lesbar schreiben.

Mein Wunsch, persönlich zu schreiben, soll sich auch in der Sprache niederschlagen, wobei auch ich typische Männerschwierigkeiten zu überwinden habe: "Zur Beschreibung dieser Veränderungen (der Männer), die noch sehr ziellos, bruchstückhaft und vorläufig sind, ist eine Sprache notwendig, die ein 'über die Dinge reden' - und damit über ihnen stehen - hinaus- geht. Sie muss die Qualität der Sinnlichkeit enthalten, die noch subjektive Betroffenheit zulässt und das Selbst-miteinbezogen-Sein deutlich werden lässt."[12]

Uff, Keuch, ich hoffe, dass mir das ein Stückchen weit gelingen wird.

3. Die Ausgangssituation in meinem Praktikum und daraus folgende Fragestellungen – Als männlicher Berater in einer Institution der Familienplanung – Angebot einer Männergruppe als Konsequenz – bürokratische Hürden

Im letzten Winter war ich Praktikant beim Sozialmedizinischen Dienst für Eheberatung, Familienplanung und Schwangerschaft (SMD), einer Beratungsstelle der Abteilung Gesundheit eines Berliner Bezirksamtes. In diesem Praktikum war ich zum ersten Mal auch aus der professionellen, sozialarbeiterischen Perspektive mit dem Mann-Frau Konflikt konfrontiert.
Der Aufgabenbereich der Beratungsstelle umfasst die Beratung und gynäkologische Untersuchungen zur Familienplanung und Empfängnisverhütung, Beratung nach § 218 StGB, Schwangerschaft-Konfliktberatung, soziale und gesundheitspädagogische Schwangerenberatung, Ehe-, Paar- und Sexualberatung, sexualpädagogische Beratung für Jugendliche, Gruppen und Schul- Klassen, Frauengruppen für Frauen mit 'sexuellen Funktionsstörungen'. Als Reaktion auf eine solche. Frauengruppe gründete sich einmalig eine Männergruppe, nachdem die Frauengruppe nicht den von den Männern erwünschten 'Erfolg' zeitigte, Frauen im Bett wieder 'funktionsfähig' zu machen.

In dieser Beratungsstelle arbeiten festangestellt nur Frauen. Und es sind auch hauptsächlich Frauen, die die Beratungsstelle aufsuchen. Männer kommen bestenfalls als Partner mal mit. Haben Männer also keinen Anlass, sich selbstständig mit der genannten Thematik Verhütung/Kinder-wunsch auseinanderzusetzen? Im Bewusstsein der meisten Männer sind diese Themen 'Frauensache', wo man bestenfalls mal ein offenes Ohr für hat. Wenn ein Mann mit einer Frau vögelt, dann trägt er m.E. dieselbe Verantwortung für evtl. Folgen wie die Frau, mit dem Unterschied, dass er sich rein physisch den Folgen leichter entziehen kann.

Ich war also als männlicher Berater damit kon-frontiert, Frauen beraten zu müssen in einer Thematik, in der sich Männer weitestgehend der Verantwortung und als Folge auch der Beratung entziehen. Einerseits war das eine unglückliche Situation für mich, da ich nicht denke, dass ich Frauen - gerade in diesem Konfliktfeld - so einfühlsam und kompetent beraten kann wie Frauen. Andererseits - und das war der Grund, dort Praktikum zu machen - wollte und will ich mich dieser Thematik nicht auch- entziehen. Und ich erlebte in der Beratung, wie tiefgreifend der Mann-Frau Widerspruch jede Paarbeziehung prägt. Ständig wieder dasselbe Elend, an 'dem auch oft die Frauen, die zur Beratung kamen, nicht offensichtlich viel ändern wollten. Wenn Männer mal mitkamen, waren sie - manchmal in unverschämter Weise - oft die Wortführer, die wussten, was für ihre Frauen gut ist. Es gab Frauen, die auf Nachfragen der Ärztin von Schmerzen beim 'Geschlechtsverkehr' sprachen und - von ihrem Mann 'informiert' – fest davon überzeugt waren, dass das von der Spirale herrühre, obwohl offensichtlich die Rücksichtslosigkeit des Mannes der Grund war.

Ich fühlte mich als Mann betroffen von dem Herrengebaren der Männer und es stellte sich für mich die Frage, ob ich als Mann, der seine Emanzipation anstrebt, nicht Grund genug habe, mich auch um andere Männer zu kümmern. Mir wurde aber sehr schnell klar, dass gegen das Verhalten der meisten Männer, hinter dem das gesamte sexistische Unterdrückungssystem steht, zunächst Gegenwehr angesagt ist, und zwar von den betroffenen Frauen aus. Da kann ich nicht viel dazu tun. Und mir ist weiterhin klar, dass eine antisexistische Moral zu predigen, 'Mann sei kein Unterdrücker', auch nicht weiterhilft.
Was ich aber tun konnte, war, ein Angebot einzurichten für Männer, die selbst schon ein Interesse an ihrer Veränderung haben oder die zumindest in einer Rollenkrise stecken und nach Auswegen suchen und nicht wissen, wohin sie sich wenden sollen. Durch die Abwesenheit eines spezifischen Männerangebotes beim SMD wird die Ideologie 'das ist Frauensache' noch unterstützt. Ich kam also auf die Idee, eine Männergruppe mit der Thematik Beziehungen und Sexualität anzubieten, mit der Fragestellung, inwieweit

Ideen der Männeremanzipation auch für andere Männer interessant sind. Diese Fragestellung ist ein Grundpfeiler dieser Arbeit.

Im Rahmen des Bezirksamtes eine Männergruppe anbieten zu dürfen, kam einem Hindernislaufen gleich. Ich stieß mit dieser Idee in ein Wespennest bürokratischer, patriarchalischer und sexistischer Be- denken, die sich - so ist das Amt - alle hinter formalen Erwägungen versteckten: ob denn ein Praktikant eine Gruppe anleiern dürfe, ob denn eine Männergruppe Pflicht- aufgabe des Gesundheitsamtes sei oder nicht doch lieber freien Trägem überlassen werden müsse etc. Erst im zweiten Anlauf und gegen viele Wi- derstände - allerdings nicht im Frauenteam des SMD - gelang es dann doch, die Gruppe anzubieten; und das auch nur aufgrund des Umstandes, dass das Projekt auf Interesse seitens des Bezirksstadtrates stieß, der das Angebot dann quasi anordnete.
Der amtliche Schriftwechsel - im Anhang einzusehen - ist nur die Spitze des bürokratischen Eisberges. Zu guter Letzt wurde dann doch wieder ein halber Rückzieher gemacht und die Gruppe fand dann offiziell als vom SMD be- treute Selbsthilfegruppe statt.
Die nächste Hürde war dann, mindestens acht Männer für die Männergruppe zu gewinnen. Einen Therapeuten als Leiter der Gruppe hatte ich schon ge- funden. meine Rolle dachte ich mir im Vorhinein so etwa als Assistent. Über Anzeigen in den Stadtzeitungen, Aushänge, eine Pressemitteilung (die aus- gerechnet in der sexistischen 'BZ' veröffentlicht wurde) und andere Bera- tungsstellen fanden sich nach schwachem Start doch noch ca. 13 Interessen- ten, von denen dann elf zum ersten Treffen kamen und acht sich durch Entrichtung des Obolus (DM 12,- pro Abend) im Voraus auf die acht Abende verpflichteten.
Es stellte sich also heraus, dass durchaus eine Nachfrage nach einem Ange- bot 'Männergruppe' vorhanden ist, bei allerdings sehr unterschiedlichen Er- wartungen daran.

Beeindruckend waren die meisten Männer aber schon am Telefon; kaum einer ließ durchblicken, dass er evtl. Probleme haben könnte ... (Einer hatte hingegen Angst, dass seine Frau etwas von seinen Männergruppenambitionen erfahren könnte, das war überraschend!). Mir fiel es schwer, wildfremden Männern am Telefon zu erklären, dass es in der Männer- gruppe um Sexualität, Partnerschaft und Beziehungen gehen sollte. Dieser Inhalt sprengte ansatzweise die Amtssprache, die sich bei mir auch langsam eingeschlichen hatte. Fremde Männer, das zeigte sich schon am Telefon, begegnen sich üblicherweise auf einer klar definierten Ebene mit klaren Rollen, damit kein Raum für echten Kontakt bleibt.

Bevor ich die Fragestellung, mit der ich an die Gruppe heranging, aufnehme, die Frage nach der Möglichkeit emanzipatorischer Männergruppen in der Sozialen Arbeit, möchte ich meinen persönlichen Hintergrund etwas erhellen und dann ausführlich den theoretischen Boden bereiten, auf dem die Frage sinnvoll beantwortet werden kann.

4. Meine persönliche Betroffenheit beim Thema Männlichkeit, Emanzipation und Männergruppen

Was hat mich eigentlich getrieben, mich mit Männern und Männeremanzipation auseinanderzusetzen? Was prägt mich heute noch in der Auseinandersetzung und damit auch diese Arbeit? Dem/der geneigten Leser/in möchte ich hier ein paar Anhaltspunkte geben, mit denen er/sie seine/ihre Fantasien vielleicht konkreter machen kann, was für einen Hinriss jemand haben muss, der so etwas zu Papier bringt. Im Übrigen mögen diese Informationen auch helfen, mich besser zu verstehen.

Hach meiner missglückten Pubertät wurde ich ein ziemlicher Kopfmensch und war in meinem intellektuellen Verständnis von mir und meiner Umwelt meiner körperlichen und seelischen Praxis weit voraus. Bevor mich mit 18 Jahren eine Frau 'knackte' und meine erste intensive und sexuelle Beziehung entstand, hatte ich mich schon theoretisch mit Frauenbewegung usw. auseinandergesetzt und wollte nie so ein Macker- Mann werden. Männerherrschaft und Patriarchat lehnte ich ab. Und ich empfand Abneigung gegen die meisten Männer, gegen ihre Männlichkeit, Stärke, Gewalt.

Vertraut reden konnte ich nur mit Frauen, die waren wärmer und emotionaler zu mir. Betroffen vom 'Problem der Männlichkeit' fühlte ich mich zuerst als Opfer männlicher Unterdrückung, von der Härte anderer Männer. Ich empfand Solidarität mit Frauen gegen Männer.

In meiner ersten Beziehung zu einer Frau musste ich dann die zuweilen schmerzhafte Erfahrung machen, dass es mit theoretischer Ablehnung nicht getan war. Auch wenn ich es war, der Alice Schwarzer gelesen hatte und meine Freundin auf den Mythos vom vaginalen Orgasmus aufmerksam machte,- ihr Frauenarzt hatte ihr wegen dessen Ausbleiben empfohlen, den Freund zu wechseln - musste ich nach und nach einsehen, dass ich auf diese progressive »eise die Kontrolle über die Beziehung 'und über die Emanzipation meiner Freundin behielt: Ich war und bin selbst Mann und lernte durch sie das, was ich an anderen Männern nicht ab- konnte, an mir selbst wahrzunehmen; wie ich andere mit scharfen Argumenten zerschnitt, Gefühle nicht zeigen konnte etc. Mein ausgeprägtester Macker sitzt im Kopf, nicht so sehr in Schwanz.

Irgendwann kam ich dann drauf, dass ich für mich eine positive Identifikation mit dem Mann-Sein brauche, um mit meinen Macker-Kisten umgehen zu lernen und mich von ihnen zu lösen, ohne mich selbst zu hassen. Ich wollte und will aber nicht hinter das zurück, was ich grundsätzlich schon verstanden hatte und - im Kopf - für richtig hielt, nur weil ich es noch nicht leben konnte. Ich will es leben lernen. Ich will realistisch sein und das Unmögliche tun.

So geriet ich dann an Männergruppen. Es war eine hohe Schwelle, auf eine Anzeige auch mal anzurufen. Ich phantasierte die Männer als so tolle, neue Männer, bei denen ich nur unangenehm auffallen würde. Ich war dann aber sehr enttäuscht, so toll und viel 'weiter' waren die nun auch nicht. Sie waren eben nur auf dem Weg, sich zu verändern oder zumindest Veränderung zu wollen.

Mit der Zeit wurde mir meine Faszination von Schwulen und schwuler Kultur immer mehr bewusst, die schwule Revue 'Brühwarm' war ein Schlüsselerlebnis. Männer können sich auch lieben! Es war aber noch ein weiter Weg, an meine eigenen schwulen Bedürfnis- se heranzukommen und sie zuzulassen oder gar - auszuleben. Dabei hatte ich nie so viel Angst vor schwuler Sexualität oder Ekel davor, wie andere es oft berichten, z.B. einen Schwanz in den Mund zu nehmen oder so; ich hatte mehr Angst vor der Härte von Männern, von der ich glaubte, dass sie mich schwer verletzen könnte. Dieser schwule Teil wurde mehr und mehr zu meiner wichtigsten Motivation, mit Männern was zu machen: Ich will Liebe zwischen Männern, zunächst mal für mich, möglich machen. Leider habe ich bis jetzt den Traumprinzen noch nicht gefunden ...

An diesem Punkt scheiden sich auch in der Männergruppe die Geister - und die Körper: Andere Männer behaupten, sie haben andere Motive.

Ich hatte viele Konflikte mit Männern in den Gruppen. Zum einen anlässlich meiner großen Sympathie mit dem Feminismus, die andere mir nicht abnahmen. Ich fühlte mich als Nestbeschmutzer, wenn ich andere wegen ihres Herrengebarens angriff. Das hatten die überhaupt nicht gern. Und ich bin da recht kompromisslos in der Kritik, das wird der/die Leser/in wohl noch bemerken. Ich habe kein Mitleid mit Mackern, die sich noch immer selbstgefällig gegen die Wahrnehmung ihres eigenen Schrotts wehren. Durch meine konfrontative Art - die sicher auch nicht so soft ist und mit Männergebaren zu tun hat - ist es mir aber gelungen, Männer kennenzulernen, mit denen mich große Zuneigung und Gemeinsamkeit verbindet.

Ebenso konfrontativ bin ich, wenn es um die Ignoranz mancher Männer gegenüber ihren 'schwulen An- teilen' geht. Inzwischen lasse ich mich auf nähere Auseinandersetzungen nur noch mit Männern ein, wenn eine gemeinsame Verständigungsbasis vorhanden ist. Andere Männer gilt es, sie in ihre Rollenunsicherheit weiter hineinzutreiben. Pisst sie an! Der ein oder andere Leser wird sich - hoffentlich - auch auf den Schlips getreten fühlen.

Meine ersten schwulen Erfahrungen hatten eine euphorisierende Wirkung und überzeugten mich selbst davon, kein 'Anspruchsschwuler' zu sein, wie mir verschiedentlich unterstellt wurde. Meine Bedürfnisse nach und mein Leben mit Frauen stehen deswegen aber nicht in Frage, ich lebe in einer intensiven Liebesbeziehung zu einer Frau.

Meine heutigen Anliegen in Bezug auf mein Mann-Sein sind diese:

- Ich suche nach meiner Emanzipation als Mann, nicht zuletzt auch theoretisch, weshalb ich diese Arbeit schreibe. Meine Träume gehen da in Richtung Androgynie und Bisexualität. Mir ist mein Körper wichtig geworden, denn ich ein mein Körper. Ich mache körperorientierte Therapie (Bioenergetik). Ich will Gefühle immer mehr zulassen, spüren und ausdrücken können, ohne daraus einen neuen Leistungsterror zu machen. Ich will weniger Angst haben vor intensiven Gefühlen anderer und vor meinen eigenen und will emotional reagieren können, ohne dabei kopflos zu werden.

- Ich suche nach einer gesellschaftlichen Perspektive für eine Männeremanzipation und für eine Männerbewegung. Ich habe beim "Männerkalender 83" mitgewirkt, war auf einem internationalen Männertreffen 1982 in Kopenhagen und habe ein deutsches Treffen im Mai 83 in Berlin mit vorbereitet. Bei diesen Aktivitäten bekam ich den Verdacht, dass sich all das, was sich unter der Fahne der Männerbewegung tummelt, nicht als *eine* Bewegung verstehen lässt, dass es evtl. eine Differenzierung geben muss, um Gefühle von Solidarität aufbauen zu können wie in der Frauen- oder Schwulenbewegung, so gebrochen sie da auch immer ist.

- 3. Ich denke nach über die Möglichkeit einer professionellen Männerarbeit im psychosozialen Bereich, auch für mich selbst als angehenden Sozialarbeiter/ Sozialpädagogen. Kann Männerarbeit den heute recht kleinen Kreis von Männern, die überhaupt schon ein Problembewusstsein haben, was ihr Mann-Sein angeht, ausdehnen? Sollte man vielleicht Kohl, Strauß und Konsorten in die Männergruppe schicken, wie Wolfgang Friedrich es in der Radiosendung "Die Harten und die Zarten"[13] vorgeschlagen hat?

Teil II: Gesellschaftlicher Hintergrund von Männeremanzipation

5. Sozialer und historischer Zusammenhang der Entwicklung von Männergruppen und der Idee der Männeremanzipation –
Thema Mann vor dem Masseninteresse – die Frauenbewegung und die Reaktion der Männer – Wurzeln, Entwicklung und Einschätzungen der Männergruppen und Männerbewegung – Scheu vor der Öffentlichkeit contra politische Aktivitäten

"Das Thema 'Mann' steht kurz vor dem Masseninteresse"[1], schreibt Pilgrim im Herbst 1932. Ina Deter singt mit großem Erfolg "Neue Männer braucht das Land". Der Trend scheint sich fortzusetzen. Radio und Fernsehen, eine Reihe neuer Bücher, sogar die Bundeszentrale für politische Bildung, beschäftigen sich mit dem Mann. Feste, Treffen und internationale Konferenzen finden statt[2], eine überregionale Männerzeitung wird herausgegeben.[3] Und auch Massenzeitschriften nehmen sich des Themas an[4]. Auf allen Ebenen, und nicht mehr nur im alternativen und Studenten-Milieu wird über dieses rätselhafte Wesen Mann' spekuliert und diskutiert. Und es werden Erfahrungen ausgetauscht, was es denn nun mit der 'neuen Männlichkeit' auf sich haben könnte, bevor ich mich in diesen Dschungel hineinwage, will ich kurz aufzeigen, wie alles anfing.

Am Anfang war die Frauenbewegung. Als sich die ersten Frauen im Sozialistischen deutschen Studentenbund das Gefasel ihrer Genossen vom 'Nebenwiderspruch' der Frauenunterdrückung nicht mehr gefallen ließen, war die neue - nicht nie erste - Frauenbewegung geboren. Deren Spektrum wurde sehr breit: Von der bürgerlichen Version der Gleichberechtigung, die z.T. dazu führte, dass Frauen zusätzlich zu Hausarbeit und Kinderbetreuung auch noch Arbeit außer Haus verrichten dürfen; über ideologische Schönfärber wie das Jahr der Frau'; bis zur großen Welle des Protestes gegen den § 218, bis zur autonomen Frauenbewegung mit ihren Selbsterfahrungs-

gruppen, Frauenhäusern, Frauenzentren, Frauencafés und -kneipen, Frauen-
buchläden, Frauenkrisentelefon und Notruf für vergewaltigte Frauen, Frau-
entherapiezentren, Frauenforschung und vielen anderen Projekten; bis
schließlich zur radikalsten Version 'Feminismus ist die Theorie, Lesbianis-
mus ist die Praxis'.

Diese Bewegung konnte die Männer nicht unberührt lassen. Manche Frauen
dachten selbst über die Folgen für Männer nach. Schon 1969 schrieb Jllis
Plenge ein Buch über die "Emanzipation des Mannes" und machte sich Ge-
danken, was passieren müsste, "... damit sich der Mann seiner persönlichen
Eigenart entsprechend ganzheitlicher entwickeln kann."[5] Frauen gründeten
Männergruppen (!)[6] und bezogen Männer auch wissenschaftlich in ihre
Überlegungen mit ein: "Frauenfragen sind Männerfragen"[7]
Zumeist waren es aber Männer, die die 'Notwendigkeit' der Zusammenarbeit
der Geschlechter betonten und die 'nötigen' Theorien dazu lieferten. H.E.
Richter beschreibt z.B., wie sich im Therapieprozess auf dem Weg zu einem
"echten Fortschritt" Frauen als Kundschafter und als Lotsen betätigen kön-
nen.[8] Eine solche 'Zusammenarbeit' können sich die Männer gerade noch
vorstellen. Die abzuwendende Not ist dabei die Not der Männer, sie wird
aber als all- gemeine Notwendigkeit ausgegeben.
Immer mehr Frauen verweigern den Männern diese Mama-Rolle und schot-
ten sich von ihnen ab, mit Autonomie auf allen Ebenen. Auf der persönlichen Ebene wirkt das am besten: " Es ist das bundesweite 'Hau ab', das den
Mann erschüttert." überzeichnet Pilgrim allerdings ziemlich die Situation.
Und: „Die einzelne Frau macht dem einzelnen Mann die sexuelle Hölle
heiß."[9] (wohl eher kalt ...) Das bringt Männer aus dem Macker-Trott.
Erst durch den Separatismus von Frauen kamen einige Männer auf die Idee,
sich erstmal mit sich selbst auseinanderzusetzen.[10]

Die Reaktionen der meisten Männer, die überhaupt von der Frauenbewegung angekratzt wurden, sahen und sehen aber anders aus. Männer reagieren
mit Gewalt, mit Diffamierungen wie 'frustrierte Emanze, hat nur keinen ab-
gekriegt' usw. Männer werden zornig.[11] Männer werden überheblich: "In

ihrem Bemühen, ihre gesellschaftlich anerzogenen Verhaltensmuster zu erkennen, stellen die Männer ihre eigene Rolle, und damit sich selbst, viel stärker in Frage als dies die feministische Frauenbewegung tut."[12] Männer werden anmaßend, z.B. Bernd Nitzschke, wenn er meint, über die Penetrationsangst von Frauen etwas aussagen zu können.[13] Männer fühlen sich ungerecht behandelt und missverstanden.[14] Claudio Hof-mann schreibt: "Aber ich hatte noch nicht begriffen, warum die Opfer des Feminismus nicht die Männer waren, an deren ungebrochener Männlichkeit sich einst ihre Wut entzündet hatte, sondern just solche wie ich, die sich nur mühsam und unter Überlebenszwang an die Männerrolle angepasst Hasen und immer noch an ihr leiden."[15] Männer werden scheinheilig, nach dem Motto: „Ich bin ja für Gleichberechtigung, aber..." oder "Okay, ja, aber ich möchte keine Frau als Chef haben."[16]

Eine besonders lohnende Variante ist die: Mann rennt mit dem Kopf gegen die Wand, um dann - wimmernd um Gnade angesichts der Schmerzen - dem fälligen Nudelholz zu entgehen: "Macht aus uns, was ihr wollt, entzieht uns jegliche Macht, nehmt uns alle Privilegien: aber zeigt 'uns den Weg. Ihr kennt ihn!"[17] Oder: "Helft uns, denn nur dann können auch wir wieder helfen. So aber sind wir dem Leben im Wege - mehr Last als Lust - und unserer und anderer nicht würdig."[18] Herb Goldberg findet das herbe:
"Als Antwort auf das, was die Frauen vorbrachten, ist er in Sack und Asche gegangen, hat sich selbst gegeißelt und sich bereitwillig all dessen selbst bezichtigt, wessen man ihn anklagte."[19]

Manche Männer werden schlicht dreist: Von den Frauen erwarten wir nichts Geringeres als eine Regeneration unseres Verlangens."[20] Andere Männer fühlen sich von den Frauen um ihre Lust betrogen: "Letztlich sind die Komplikationen, die sich aus einer erotischen Nacht ergeben, ein zu hoher Preis dafür. Diese endlosen Beziehungsgespräche, in die einen die Frauen hineinziehen. Da kriegst du ein richtig schlechtes Gewissen. Ja, verdammt, die Frauenbewegung hat uns auf null Bock gebracht."[21] Einige Männer empfinden Schmach[22], weil Frauen in ihrer Emanzipation wesentlich weiter sind;

so spotten sie z.B. über Frauen, die eine Männerveranstaltung organisieren.[23] Aber nicht alle Männer schämen sich, sie sehen darin für sich eine Chance: "Vielleicht spricht mich die Frauenbewegung mit ihrem Befreiungsimpuls so positiv an, weil sie mir mittelbar hilft, nicht mehr die alte Männerrolle spielen zu müssen."[24] Oder sie sehen darin eine Herausforderung für die Entwicklung eines neuen Verhältnisses der Männer untereinander ..."[25]

Am besten, mann ergreift gleich die Flucht nach vorn (So mache ich das ...) und unterstützt die Frauen in ihren Emanzipationsbemühungen. Auf einem Flugblatt mit dem Titel "Männer!!! §218 geht auch uns an!!!" schreibt eine Aachener Männergruppe: "Männer bestimmen also, was Frauen zu tun und zu lassen haben. Das ist es aber, was Frauen nicht akzeptieren können und worin sie alle verantwortungsbewussten Männer unterstützen sollten.[26]

So viel des Guten ist ja schon verdächtig, und nicht ohne Grund: "Helfen indiziert noch Stärke, ohne die ist männliches Sein vom Mann nicht für sich zu begreifen."[27]

Der 'neue' Mann kocht, ist zärtlicher, zieht sich bunt an, trägt Ohrringe usw.: "... das war für mich der neue Mann, und es war viel von dem eingeflossen, was ich an den Frauen aus den Frauengruppen so toll fand."[28] Dem/der ein oder anderen Leser/in wird sicher der 'Softie' schon auf den Lippen liegen. Auf dieses zwielichtige Exemplar Mann werde ich später noch zu sprechen kommen.

Schwule Männer haben oft viel Sympathie mit der Verweigerung von Frauen. Z.T. wohl nur aus der Hoffnung auf 'Frischfleisch' für die Szene, z.T. aber auch aus eigenem Betroffensein vom Sexismus, der Homosexualität unterdrückt. Ulf Preuss Lausitz freut sich: "Nun sind die männlichen Linken auch noch als Männer am Ende ... stehlen ihnen nun die Frauen den Stolz auf den vaginalen Orgasmus.[29]

Es scheint auch Männer zu geben, die ihren eigenen Weg suchen, und zwar nicht als Abwehr der Frauenbewegung:" Wir Männer brauchen eine Männerbewegung. Dass mir keiner kommt und sagt: 'Genau wie bei den Frauen!'

35

Na und?"[30] Ehrlich erscheint mir Claudio Hofmann, indem er eine Ambivalenz zugibt, die bestimmt noch mehr Männer empfinden: "Da ist einmal eine dunkle und unbestimmte Angst, mit jeder Feministin etwas Vertrautes und Liebgewordenes für immer zu verlieren ... Zum anderen ist da bei mir eine geradezu kindliche Hoffnung, dass die Frauenbewegung endlich die Schreckenswelt der Männerherrschaft mit Krieg, Gewalt und Verwüstung auflösen könnte in ein sanftes, paradiesisches Zeitalter."[31]

Die Frauenbewegung scheint bei Männern Ähnliches auszulösen wie die Lösung einzelner Frauen von ihren Männern. Trotz der aufgezeigten Vielfalt sind die Reaktionen der Männer recht begrenzt. Sie alle lassen - mehr oder weniger offen - eine tiefliegende Kränkung vermuten ...

Nur wenige Männer gingen den Weg, sich zunächst mal mit sich und seinesgleichen auseinanderzusetzen. Seit 1973 entstanden in Westdeutschland und Westberlin Männergruppen, in den USA schon seit 1969. Wurzeln dieser Entwicklung sind nach Brzoska die Hippiebewegung, die "...die Geschlechtsrollen weniger theoretisch als praktisch in Frage ..." stellte, die Studentenbewegung der sechziger Jahre, darunter vor allem die Kommune- und die antiautoritäre Bewegung.[32]

Direkteren Einfluss hatten die Frauen- und die Schwulenbewegung, die den 28.6.1969 als ihren Geburtstag feiert, den 'Christopher Street Day'. Brzoska nennt sie die "...erste Bewegung von Männern, die die Männerrolle in Frage stellt."[33] Weniger aber die eigene als die heterosexuelle Männerrolle, wie ich meine. "Die Männerbewegung ist ein uneheliches Kind der Frauenbewegung, gezeugt von der Schwulenbewegung. Ihre Großmutter ist die Studentenbewegung," druckt Pilgrim es etwas poetischer aus.[34]

In Berlin bildete sich 1974 ein Männerrat, in dem sich Männergruppen trafen und neue Männergruppen entstanden.[35] 1975 gab es in Frankfurt z.B. schon mindestens sechs Männerselbsterfahrungsgruppen.[36] 1976 schossen Männergruppen schon wie Pilze aus dem Boden.[37] In die Öffentlichkeit drang und dringt wenig, auch heute weiß Otto Normalverbraucher noch nichts von, geschweige über Männergruppen, besten- falls denkt er an

Schwulengruppen. 1982 scheint eine Zeit der Flaute zu Ende zu gehen.[38] Im zweiten Anlauf rücken die Männergruppen auch etwas mehr ins öffentliche Rampenlicht.

Zu dieser Entwicklung der letzten zehn Jahre gibt es sehr unterschiedliche Ansichten. J. Schimmang sieht sie als einen "... äußerst direkten Reflex auf die Frauenbewegung ..." und glaubt nicht, dass es eine Männerbewegung geben kann.[39] H. Rödner spricht schon 1976 selbstbewusst von Männerbewegung und sieht in der Frauenbewegung mit ihren Folgen "... allenfalls ein auslösendes Moment für die Männerbewegung.[40] Martin befürchtet, die Männerbewegung diene einerseits Aussteigern aus der linken Polit-Szene "... als - wenn auch mangelhafte - Legitimation ihres Rückzuges ins Private und den 'Noch nicht Dabei gewesenen' als Einstieg in die Alternativ-Szenen, wie er bruchloser mit der bisherigen Lethargie und politischen Abstinenz kaum zu vollziehen ist"[41] Dagegen Pilgrim: "Die ernsthafte Auseinander- und Zusammensetzung mit den Angehörigen des eigenen Geschlechtes ist historisch fällig.[42] Ziehe sucht die Gründe in der Struktur des "Nadelöhrs Zweierbeziehung", das den Bedürfnissen nicht mehr gerecht werden kann. Männer lernen nicht mehr, sich zusammenzureißen, Frauen lassen sich nicht mehr alles gefallen: "Jetzt krachen auch wir Männer zusammen..."[43] "Mann o Mann" Shirley: "Ausgangspunkt für den Beginn der Bewegung war, dass sensiblere Männer, denen kerlhaftes, schwanzorientiertes Typenverhalten zuwider war, das Bedürfnis hatten, öffentlich darzutun, dass sie anders sind..."[44] Gemeinsam ist all diesen Aussagen nur eines: Sie sagen mehr über den Autor aus als über die Bildung von Männergruppen in den letzten zehn Jahren.

Die meisten Männergruppen treffen sich privat und es dringt kaum etwas nach außen. Pilgrim sieht für diese "Scheu vor der Öffentlichkeit" zwei Gründe; der objektive: "Die Männer wissen, was Patriarchat mit Öffentlichkeit beabsichtigt: eine Sache ans Licht ziehen, um sie ungefährlich zu machen; etwas aufputschen zu Mode, damit es morgen zusammenbricht."[45] Der subjektive liege darin, dass Männerbewegung "kein Gegenentwurf zur

Frauenbewegung ..." sei, sie sei keine Kampfbewegung, sondern eine Lebensbewegung - "... sie dringt in den Alltag der Beteiligten ein." - eine Weigerungsbewegung - "Männer weigern sich, Herren zu werden." - und eine Suchbewegung - "Die Männer suchen sich selbst."[46]

Trotzdem, einige Männer erheben die Forderung, Männergruppen müssen politischer werden und mehr nach außen gehen. Und es gibt schon einige Ansätze, die aber selten die Kontinuität von manchen Frauenprojekten haben. Es gab Männer-Cafés, -Foren, -Kalender, -Zeitungen.[47]

In anderen Ländern gibt es sogar Vereine - in Dänemark die "Mandebevaegelsen", in Holland z.B. die "Vaders moiste – stichting Utrechtse mannenbeweging" - sowie Festivals, Demos, Aktionen u.a. Solche Aktivitäten - in Berlin zuletzt das Überkleben von Pornowerbung mit "Onanie aber wie"-Plakaten[48] - bleiben bislang die Ausnahme. Männerbewegung, sofern von einer Bewegung gesprochen werden kann, das sind im wesentlichen Männergruppen, die im privaten Rahmen bleiben.

6. Ideologie und Problematik des Begriffs 'Männlichkeit' – Männlichkeit als normsetzender, wertender und legitimierender Begriff ohne fest bestimmbaren Inhalt

In der Diskussion um Männergruppen geht es immer wieder um die sogenannte 'Männlichkeit'. Es gelte sie positiv zu wenden oder sie sei gänzlich verachtenswert; einige fahren auf sie ab und, andere möchten sie - wie es ein Button zeigt - ins Klo spülen. Der Satz 'du bist ja kein richtiger Mann' lässt längst nicht mehr jeden Vertreter männlichen Geschlechtes in Grund und Boden sinken. Manche Männer fühlen sich dann eher geschmeichelt - ich auch. Was ist überhaupt 'Männlichkeit'?

Ich könnte jetzt auf die Straße gehen und jede Menge Leute 'repräsentativ' befragen, was sie unter Männlichkeit verstehen und mir dann zusammenreimen, was Männlichkeit ist. Shere Hite hat ca. 7000 Männer befragt, und nicht nur danach, was sie unter Männlichkeit verstehen. Amerikanische Männer, so vermute ich mal, sind ebenso gute Experten in Sachen Männlichkeit wie deutsche, Männer sollen selbst- sicher, angstfrei, stets Herr der Lage, autonom oder selbstständig, nicht abhängig sein, war der meisten Antwort. Was sie brauchen, ist Führungskraft, Dominanz, Erfolg und Muskeln.[49] Und - männlich ist das Gegenteil von weiblich oder feminin. Männlich scheint das zu sein, was Männer sein oder haben sollen, und nicht das, was sie sind, Manche Männer fühlen sich unwohl, weil die nicht so sind, wie 'Männer' sind. Und "tatsächlich könnte man sagen, dass sich die meisten Männer nicht als typisch oder durchschnittlich empfinden-..."[50] Das ist kaum zu glauben! Toll! Die meisten Männer sind ganz anders als der Durchschnitt. Sollte ich nicht an diesem Punkt die Arbeit lieber beenden? Wenn die Männer gar nicht so sind?

Meine Konsequenz aus dieser Verwirrung ist erstmal eine andere: Der Begriff 'männlich' ist eine Worthülse, die Wertungen, Tendenzen, Gefühle,

Macht und Unterdrückung ausdrückt, aber kaum Inhalt. Und mit dem Begriff 'weiblich' wird es sich vermutlich genauso verhalten. Indem 'männlich' Eigenschaften bezeichnet, mit denen sich Macht ausüben und unter- drücken lässt, und indem 'weiblich' Eigenschaften bezeichnet, die den 'Empfang' von Unterdrückung erleichtern, verweisen beide Begriffe auf ein gesellschaftliches Unterdrückungs-Verhältnis zwischen Mann und Frau. Was Frauen und Männer wesensmäßig oder auf biologischer Grundlage unterscheidet, abgesehen von Gebären, Zeugen und Stillen, ist in der gegenwärtigen gesellschaftlichen Situation reine Spekulation und völlig von den sozialen Unterschieden überlagert und verschüttet.[2] Ch. Wolff ist zu ähnlichen Konsequenzen gelangt: "Seit meiner Studie über lesbische Liebe habe ich mich von der Annahme geschlechtsgebundener Charakteristika, einer geistigen Zwangsjacke, ein für alle Mal befreit."[51]

Beim Gebrauch von 'männlich' klingen Wertungen mit von 'elend' bis 'supergeil'. R. Tramontana - auf 141 Seiten redlich bemüht, sich und andere von Lügen und Legenden zu emanzipieren[52] - fällt genau in diese Falle des Sprachgebrauchs, wenn er zum Schluss schreibt: Es wäre männlich, allmählich zu merken, dass der Kopf nicht nur zum Schütteln da ist."[53] Darüber kann ich nicht anders als meinen Kopf schütteln. Erstens: als wenn Männer nicht schon viel zu viel gedacht hätten; zweitens: Er gebraucht hier 'männlich' anstatt 'angebracht' oder 'positiv' und demonstriert damit seinen alten Glauben an die Höherwertigkeit des Männlichen. (Und er ist damit in seinem intellektuellen Emanzipationsversuch nicht weiter als auf Seite eins). Die Frage: "Was ist männlich?" wird erst sinnvoll als die Frage: "Was wird hier und heute von Männern erwartet?". Ein Bündel von Erwartungen unterscheidet hier und heute Männer und Frauen, wodurch auch völlig identische Verhaltensweisen von Männern und Frauen etwas ganz anderes sind.

---

[2] Trotzdem halte ich solche Unterschiede für durchaus denkbar. Wenn ich davon ausgehe, dass sich Gefühle und Charakter im Körper manifestieren und umgekehrt, wie es z.B. die Bioenergetik behauptet, ließe sich vorstellen, dass bspw. Schwanz und Klitoris ganz verschiedene Lustgefühle hervorrufen, sie nie vergleichbar sein werden. Und das könnte weitere Folgen haben...

Stell dir z.B. einen Mann vor, der zu einer Frau sagt: "Du siehst so geil aus, ich will mit dir vögeln!" Und dann stell dir eine Frau vor, die dasselbe zu einem Mann sagt. Derselbe Satz bekommt eine völlig andere Bedeutung. Helge Pross nennt dieses Bündel Erwartungen die "'Geschlechtsrolle".[54] Von dieser Rolle wird noch die Rede sein ... Eine weitere sinnvolle Frage ist die: "Womit identifizieren sich Männer hier und heute?" Auch darauf werde ich noch zurückkommen.

Im weiteren Verlauf der Arbeit werde ich versuchen, die Begriffe 'männlich' und 'weiblich' entweder zu vermeiden und durch 'Verhalten', 'Gefühle' oder sonst was 'von Männern' bzw. 'von Frauen' ersetzen oder sie in dieser Bedeutung gebrauchen. Damit ist dann die heutige gesellschaftliche Realität gemeint und keine Norm und kein Wertmaßstab. Wo mir die Begriffe begegnen, werde ich sie auf ihre jeweilige Funktion hin interpretieren, die meist in der Rechtfertigung der Männerherrschaft besteht. Ich werde diese Begriffe nicht erneut mit Inhalt zu füllen suchen, denn sie würden auch dann ihre Funktion und ihren Beiklang als Norm gesellschaftlichen Verhaltens nicht verlieren.

7. Gesellschaftliche Prozesse, die das Mann-Sein verändern.

Etwas in unserer Gesellschaft muss sich verändert haben; der Geschlechterkonflikt ist neu entbrannt und inzwischen darf sich auch das Thema 'Mann' öffentlichen Interesses erfreuen. Einige Faktoren möchte ich aufzeigen.

1) Zur Zeit der Vollbeschäftigung und des Arbeitskräftemangels wurden immer mehr Frauen erwerbstätig, las Frauenbild musste sich mit der Zeit andern: Frauen wurden nicht mehr nur an Heim und Herd gesehen. "Diese Verlagerung des Aufgabenbereiches der Frau machte es nötig, bestimmte diskriminierende Vorurteile der 'Minderwertigkeit' der Frau aus der Welt zu räumen und bewirkte eine gewisse Angleichung der Geschlechter."[55] Die Erfahrung der Frau als Kollegin am Arbeitsplatz brachte bei vielen Männern ihr Frauenbild zumindest etwas ins Wanken, (nebenbei, mehr natürlich noch das Selbstbild der Frauen).

Verstärkt wurde dieser Prozess - wie schon angedeutet - durch die Frauenbewegung, die gegen die Unterdrückung der Frauen und die Zwänge der Frauenrolle kämpft und so auch Männer betroffen macht. Die Identität der Männer ist bedroht. Aber "männliche Identitätsschwierigkeiten treten dort eher auf, wo Männer bereit sind, sich den Problemen der Rollenverschiebung der Frauen zuzuwenden. Dabei ist nicht so sehr Großzügigkeit oder Wohlwollen als ausschlaggebendes Kriterium für die Zuwendung maßgebend, sondern die oft gemachte schmerzliche Erfahrung, dass das Rollenproblem der Frau und Partnerin unzertrennlich von dem eigenen männlichen Rollenverständnis ist."[56] Konkret heißt das: Der Mann muss auch zum Staubtuch greifen, wenn seine Frau es nicht mehr tut, will er nicht die schmerzliche Erfahrung einer Staublunge machen. Trotzdem bleiben auch heute viele Männer von solchen Erfahrungen unbehelligt, weil auch die Frauen - 'ihre' Frauen - nicht an ihre Veränderung denken. Die materiellen Möglichkeiten, sich selbst zu ernähren und unabhängig zu werden, haben sich für Frauen verbessert; die Realität sieht aber noch recht alt aus.

2) Heutzutage ist auch der Mann Kunde von Kosmetiksalons und Diskoboutiquen. Vor allem jüngere Männer achten mehr auf Aussehen und Kleidung und - kaufen auch mehr. Das ist aber nur die vordergründige Wirkung der kapitalistischen Konsumgesellschaft auf der Suche nach immer neuen Absatzmärkten.

Die spätkapitalistische Marktwirtschaft benötigte eine grundlegende Veränderung der psychischen Struktur des Individuums, besser: ihrer Kunden. Die Askese- und Sparmoral der 'schlechten Zeiten' musste mit dem 'Wirtschaftswunder' der Fähigkeit zum Genuss weichen.[57] Genießbar soll aber nur sein, was käuflich ist. Markuse nennt diesen Zusammenhang "repressive Entsublimierung". Es werden mehr primäre Bedürfnisse befriedigt, aber in repressiver Absicht, durch den Warencharakter jeder Bedürfnisbefriedigung. Dieser Warencharakter bestimmt auch zwischenmenschliche Beziehungen. Wer sich verlieben will, sollte zunächst seinen Marktwert auf dem Persönlichkeitsmarkt über- prüfen, um sich dann ein entsprechendes 'Objekt' auszugucken. Wer den eigenen Marktwert falsch einschätzt, bekommt entweder zu wenig oder geht leer (bzw. alleine) aus. Auch Funktionen der Mann-Frau Beziehungen bekommen Waren- und Tauschcharakter.

Gib mir Liebe, dann gebe ich dir Sex ... mehr und mehr werden diese Funktionen direkt käuflich. Sex kauft mann im Pornoladen, in der Peepshow, bei der Prostituierten. Und warme, Geborgenheit und Liebe, traditionell Funktionen der Frau, die dem Mann das Elend der Männerrolle erträglich machen können jetzt auch von Therapeutinnen und Therapeuten gekauft werden. "Damit professionalisieren (auch, Anm. des Autors) Männer Teilstücke der klassischen, voremanzipatorischen Frauenrolle: Im Konkurrenzkampf Nischen einrichten, die der Entspannung und Erholung dienen."[58]

Durch die totale Käuflichkeit aller Bedürfnisbefriedigung entfällt die Notwendigkeit der starren Rollendifferenzierung. Das System kann eingeschlechtlich überleben - zumindest bis zur Katastrophe.

3) Auf der Arbeit erfährt der Normalmann heute weder körperlich noch geistig, was als Männerideal nach wie vor gilt. "Wie wenig Männlichkeit noch

direkt erfahren werden kann, beweist die Männlichkeitsindustrie, die überall aus dem Boden schießt: Judo- und Karateclubs, Lederkleidung, Waffen, Motorräder liefern im Freizeitbereich, was in der Produktion nicht mehr vermittelt wird."[59] Wo kann mann noch auf der Arbeit mit dem Spiel der Muskeln glänzen? Wie ein nasser Sack hockt er am Bürotisch, wie ein Roboter steht er an der Maschine. Und dazu kommt die geistige Verdummung, die ihn sich nicht so leicht als Humphrey Bogart oder Inspektor Columbo fühlen lässt. "Die Arbeitswelt hat sich schon lange davon entfernt, für den Mann ein Ort der Selbstbestätigung zu sein. Infolge der fortschreitenden Arbeitsteilung und Automatisierung muss sich der Mann mit zunehmenden Ohnmachts- und Entfremdungserfahrungen konfrontiert sehen."[60] Das Männerideal ist heute im Beruf "ohne reale Basis", sondern spukt "...nur noch als Mythos in den Köpfen herum."[61] Und das wiegt schwer, denn " die Berufsrolle des Mannes ist heute fester Bestandteil seiner Geschlechtsrolle."[62] Ähnlich geht es dem Vater, dessen Autorität in der Familie längst nicht mehr so hingenommen wird, wie er das vielleicht gerne hätte. Der Widerspruch zwischen dem Alltag des Mannes und dem Idealbild des Mannes bewirkt einen Konflikt, von dem die Frage ist, wie lange Männer ihm noch aus dem Wege gehen können, ohne sich damit auseinanderzusetzen. Die Sprechzimmer der Ärzte füllen sich.

4) Die Sozialisation in der Familie hat sich grundlegend verändert. Nach der Entwicklung zur isolierten Kleinfamilie geriet der Vater immer mehr ins Abseits, wurde immer weniger 3ezugsperson für das Kind. Die "vaterlose Gesellschaft" schuf ganz neue Bedingungen der Sozialisation.[63] Moeller bezeichnet sie als Männermatriarchat, da Männerherrschaft in Abwesenheit des Vaters von der Mutter dem Kinde 'vermittelt' wird. Der Begriff ist mir zu missverständlich. Mütter herrschen nicht, sie 'bemuttern' eher. Der Zeit der engen Mutter-Kind-Beziehung, der Symbiose, entwachsen, kann sich der Sohn nicht richtig von der Mutter lösen, da sie die einzige nahe Bezugsperson ist, mit der er sich identifizieren kann. Der Vater, wenn er überhaupt noch auf den Plan tritt, ist selten noch Idealfigur für den Jungen. Wenn er geschafft nach Hause kommt, hängt er sich mit dem Bier vor die Glotze.

Trotzdem soll der kleine Junge lernen, was von ihm erwartet wird: Jungen weinen nicht, hängen nicht am Rockzipfel der Mutter und sind stark und selbstständig. Diese Eigenschaften stehen im krassen Widerspruch zu den symbiotischen Gefühlen der Nähe und Identifikation mit der Mutter, von denen sich der Junge nicht lösen konnte. Sie sind aufgesetzt, dem Jungen ist eher nach Weinen, Rockzipfel und Schwäche zumute. Moeller schließt daraus: "Söhne werden sich notwendigerweise in Richtung einer stärkeren weiblichen Identifikation entwickeln müssen."[64] Das Thema 'Mutter' ist zentral für die psychische Struktur des Mannes. Auf die Folgen und Konflikte, die daraus entstehen, werde ich zurückkommen.

5) Erwerbstätigkeit von Frauen und Frauenbewegung, Konsumgesellschaft, Verlust der Basis des Männerideals und die vaterlose Gesellschaft bewirken. Veränderungen, die manche Männer sich an ihre alten Rollen klammern, andere Männer nach neuen Möglichkeiten suchen und dritte sich durchlavieren lassen.

Wenn Männer sich nicht ändern und auch nicht dazu gezwungen werden, wird ein weiterer Faktor weit entscheidendere Folgen haben. Es fragt sich nur noch, welche Katastrophe, Umweltzerstörung oder Atomkrieg, zuerst tödlich wird, und ob sie schleichend oder auf einen Schlag menschliches Leben auf der Erde vernichten wird. " So stellt die Unterdrückung von Gefühlen und Emotionen ein erstrangiges politisches und moralisches Problem dar."[65] Ob dieser Appell von A. Jokisch, den Männern mehr Gefühle zu gestatten, noch früh genug gehört wird, ob angesichts der drohenden Katastrophe Männer von ihrem Verhalten abrücken, ist fraglich. Es waren Männer, die für diese Entwicklung verantwortlich sind. "Die Welt wird schwerlich von denen aus der Scheide gezogen werden, die sie Jahrhunderte lang hineingeritten haben."[66] meint Jochen Schimmang. Deswegen sollen Reagan, Kohl und Andropow in eine Männergruppe? Aber die machen doch schon eine, bei jedem Gipfeltreffen.

Bevor ich auf die Veränderungen in der Sexualität näher eingehe, möchte ich den Begriff der Unterdrückung im Zusammenhang mit Männerherrschaft diskutieren. An der Sexualität lässt sich dann gut aufzeigen, wie sie funktioniert als Zentrum der Unterdrückung der Frau durch den Mann.

8. Wer unterdrückt denn nun wen und wie und warum?

Obwohl bei Männern im Allgemeinen eine hochgeschraubte Rationalität zu beklagen ist, sind in dieser Frage - wahrzunehmen und zu verstehen, wer wen unterdrückt im Mann-Frau-Verhältnis - abenteuerliche Brüche in der Logik der Männer zu verzeichnen. Die Theorien von Männern, die zumindest vorgeben, die Männerrolle zu kritisieren - und nur solche ziehe ich hier in Betracht - stellen teilweise die Tatsachen auf den Kopf und behaupten, die Männer seien die wahrhaft 'benachteiligten'. Der Lebensstil und Bewusstseinsstand der Männer bringen oft Theorien hervor, mit denen die Männer mit viel Mühe rechtfertigen, dass sie so sind wie sie sind und dass es ihnen schlecht geht; anstatt darüber nachzudenken, warum dem so ist, was man selbst dazu tut und wie man sich vielleicht ändern könnte. Darüber denken viele Männer sehr halbherzig nach.

Cheryl Benard und Edit Schlaffer sprechen von den Nachwirkungen der "Glaubensgemeinschaft der Männlichkeit"; sie bedingt die "... tiefen Ambivalenzen im Denken rollenkritischer männlicher Autoren und hat zur Folge, dass die - der expliziten Absicht nach - emanzipatorischen und kritischen Texte zu apologetischen Schriften der Männlichkeitsideologie ausarten."[67]

Nun bin ich auch männlicher Autor und muss damit rechnen, dass mir gerade auch hier in der theoretischen Diskussion meine noch verbliebenen Reste - oder ist es etwa noch mehr?? - unemanzipierten Lebens einen Streich spielen. Meine Leser/innen fordere ich zur Fahndung auf und bitte sie, mir solche Brüche mitzuteilen.

1) Ein beliebtes Verwirrspiel treiben viele Männer, indem sie Abhängigkeit und Unterdrückung in einen Pott schmeißen und am Ende behaupten, sie selbst seien, unterdrückt. "Dabei war der Herr schon immer abhängig vom Knecht, ohne den er nicht Herr wäre."[68] Anja Meulenbelt erhellt diesen Zusammenhang brillant anhand anderer Unterdrückungsverhältnisse." Wer ist abhängig von wem, um am Leben zu bleiben? Der Lehnsherr wurde ohne die Bauern aufhören, ein Lehnsherr zu sein. Aber die Bauern könnten ohne

die Lehnsherren hervorragend auskommen. Diese Frage fällt mir immer wieder ein, wenn ich lese, wie böse Männer werden, wenn sie entdecken, dass sie ohne Frauen viel schlechter zurechtkommen als Frauen ohne sie. Die Erfahrung, dass es allmählich so viele Frauen gibt, die die alten heterosexuellen Verhaltensweisen nicht mehr nötig haben oder dazu ihre eigenen Bedingungen stellen, muss sehr schwierig zu verarbeiten sein. Aber ist das Unterdrückung? Sind Arbeiter Unterdrücker, weil ein Kapitalist ohne sie aufhört, ein Kapitalist zu sein, und er sein Bett zerwühlt und Magengeschwüre bekommt, wenn sie sich auflehnen?"[69] Es scheint, die Abhängigkeit wäre gerade Indiz für die Unterdrückung anderer, insbesondere dann, wenn sie in Zeiten des Umbruchs zutage tritt. Männer spüren ihre Abhängigkeit erst, wenn Frauen sich Lösen, und dann ist sie bereits viel größer als die der Frauen.

Dieser Zusammenhang wird von Männern abenteuerlich verdreht. "wie alle Männer, die von Emanzipation reden (habe ich) die Emanzipation der frau gemeint, sie fähig zu machen, Partner zu werden, Partner für mich!! mich selbst habe ich dabei völlig vergessen, außer Acht gelassen, gar nicht bemerkt, dass eben dieser Anspruch andere (Frauen sollen Partner für mich werden genau meine Abhängigkeit, meine Unterprivilegierung und damit meine Emanzipationsbedürftigkeit ausdrückt."[70] Junge, Junge! Der Kapitalist ist wohl unterprivilegiert, weil er nicht an sich denkt, an seine Fähigkeit, zu arbeiten, sondern nur an seine Arbeiter, wie sie am besten für ihn arbeiten? Wie selbstvergessen! Ein typischer Bruch männlicher Logik. Der arme Mann ist benachteiligt, weil er es nicht gelernt hat, Wäsche zu waschen, zu kochen, Wärme zu geben, zu lieben.[71] Genau wie der Kapitalist, der sicher Schwierigkeiten hätte, müsste er plötzlich am Fließband stehen. Aus dieser (Un-)Logik folgt dann, wogegen mann sich zu wehren hat: "gegen Macker, mann-männer, gegen verträumte Hausmütterchen (!! Anm. des Autors), die von uns versorgt werden wollen, gegen Männer fressende Feministinnen (gibt es die überhaupt?) ..."[72]

Das erspart wirklich jeden Kommentar. Aber es macht die Sache kompliziert, dass solche Artikel mit Titeln wie "Männer, die keine Männer mehr sein wollen" überschrieben sind. Ähnlich schwachsinnig drückt sich DeGolia aus: "Die Abhängigkeit von Frauen unterdrückt Männer."[73] Weitere Spielarten dieser Logik sind auch die Thesen, dass Macker in der Männergruppe unterdrückt werden von der frauenfreundlichen Mehrheit[74] oder dass mann einen Teil seiner selbst als frauenfeindlich unterdrücken kann.[75] Ist Ablehnung Unterdrückung? Ira Bilde hieße das: Der arme Kapitalist wird am Arbeiterstammtisch nicht akzeptiert. Wird er da unterdrückt? Was will er da überhaupt? Oder: Der arme Kapitalist bekommt Skrupel, die Arbeiter weiter auszubeuten. Unterdrückt er sich da selbst? So zu denken wäre wirklich absurd. Manche Männer sind sich aber für keine Absurdität zu schade...

2) Neue Erfahrungen von Einsamkeit, Schmerz und Leiden lösen bei vielen Männern weitere Verwirrung aus. Der Kurzschluss läuft so: Es geht mir schlecht, also bin ich unterdrückt. Wenn ich jemanden unter- drücken - würde, müsste es mir doch gut gehen.

Herb Goldberg hebt diesen Kurzschluss auf die allgemeine Ebene: " Ich glaube, dass die Bewegung 'Befreiung des Mannes' - in ihrer derzeitigen Form - zum Scheitern verurteilt ist, weil sie auf Selbstanklage und Selbsthass beruht und sich die feministischen Behauptungen zu eigen sacht. Sie lässt sich den Mythos aufschwatzen, dass der Mann in unserer Kultur begünstigt ist - eine Ansicht, an der einfach festgehalten wird, obwohl jede kritische Statistik auf den Gebieten Lebensdauer, Krankheit, Selbstmord, Kriminalität, Unfälle, emotionale Krisen der Kindheit, Alkoholismus und Drogensucht einen unverhältnismäßig höheren männlichen Anteil aufweist."?[76] Goldberg zahlt das auf wie ein kleiner Junge, der nachweist, dass er zu Weihnachten weniger Geschenke bekommen hat als seine Schwester oder dass er immer mehr Prügel bekommt. Das wäre allerdings ungerecht! Er sieht die Gesellschaft wie eine höhere Instanz, wie einen Weihnachtsmann, wie Eltern, die Vor- und Nachteile verteilen. Benard/Schlaffer betonen, dass Goldberg "...nicht die Ideologie selbst kritisiert, sondern die Tatsache, dass sie die Realität nicht beschreibt. Männer sind gar nicht privilegiert, klagt er, sondern eher benachteiligt.[77] Wenn einer bevor- oder benachteiligt wird, setzt dass ein Oben und Unten, ein Herrschaftsverhältnis voraus. Von oben wird zugeteilt. Von unten wird - dankbar oder beleidigt - empfangen. Goldberg möchte mehr vom Kuchen. Er zieht nicht in Erwägung, die Eltern zu entmachten, das Unterdrückungssystem als solches abzuschaffen. Und er sieht auch nicht, dass es Männer sind, die Männern all diese Nachteile zuteilen, warum wohl versteht er das nicht? Verlöre er vielleicht ein paar andere Kuchen, die er gar nicht zur Diskussion stellt, wenn Unterdrückung überhaupt abgeschafft würde? Jedenfalls führt auch dieser Kurzschluss zu einer versteckten "Affirmation, traditioneller Manneskraft"[77]

Aus diesem Kurzschluss herauszukommen, hilft der Unterdrückungsbegriff von Anja Meulenbelt: "Unterdrückung ist nicht nur eine persönliche Erfahrung, es ist eine persönliche Erfahrung, die in einem System wurzelt, in dem alle Teile systematisch ineinandergreifen, um die Unterdrückten in der Unterdrückung zu halten: materiell und kulturpolitisch und ideologisch. Dabei geht es um Gruppen von Menschen, Arbeiter als Lohnabhängige, Schwarze als Rasse, Frauen als Geschlecht. Wenn wir alles, was sich unangenehm anfühlt, 'Unterdrückung' nennen, sagen wir schließlich nicht mehr, als dass das Leben schwierig ist. Und das wussten wir schon."[78]

In diesem Sinne werde ich den Begriff 'Unterdrückung' im Folgenden gebrauchen. Er erlaubt eine klare Trennung zwischen unangenehmen Teilen, die auch mit dem Unterdrücker-Sein einhergehen können (Abhängigkeit, Schuldgefühle, Gefühllosigkeit etc.) oder die durch die beginnende Emanzipation der Unterdrückten ausgelöst werden (z.B. Einsamkeit, Ablehnung) - und andererseits der subjektiven Erfahrung, unterdrückt zu sein, die sich erst durch einen Bewusstwerdungsprozess als solche herausstellt.

3) Ein kniffliger Trick ist es auch, davon zu sprechen, dass sowohl Mann als auch Frau von ihren Rollen unterdrückt werden, wofür sie selbst nichts können. "Ich hasse die Sünde, aber nicht den Sünder!" ruft Jack Nichols großzügig den unterdrückenden Frauen zu. Nicht ohne an sich zu denken: "Ich hoffe, die Garde der weiblichen Emanzipierten nimmt sich das Motto ebenfalls zu Herzen, wenn sie über die männliche Dominanz richten, denn nur

Einsicht wird ihnen helfen, die männlichen Verhaltensweisen besser zu verstehen. Ihr berechtigter Ärger würde sich dann nicht mehr in persönlichen Attacken gegen unterdrückende Männer äußern."[79] Das hättest du wohl gerne, Jack! 'Wasch mir den Pelz, aber mach mich nicht nass!' würde ich sein Motto eher nennen. Auch DeGolia spricht von der Geschlechterrolle, die die Männer unterdrückt; die Frage, wer ein Interesse an diesen Rollen hat, wird nicht gestellt. Gründe für ihre Existenz sind "... moralische Werte, die nicht länger Gültigkeit haben."[80]

Auch das Rollenmodell dient dazu, das gesellschaftliche Unterdrückungsverhältnis zu verschleiern, indem es einerseits den einzelnen Mann vor Angriffen schützt, und andererseits die Frage nach den Ursachen abschneidet. Klar, ich spiele auch eine Rolle. Aber solange ich sie spiele, ist sie ein Teil von mir. Und wenn diese Rolle andere und mich unterdrückt, dann unterdrücke ich andere und mich selbst.

4) Männer sind als Männer Träger gesellschaftlicher Unterdrückung. Als Lohnabhängige, Schwule, Ausländer etc. sind sie evtl. auch Opfer. Frauen sind als Frauen nicht Träger von Unterdrückung, sondern Träger von Eigenschaften, die ihre Unterdrückung ermöglichen oder erleichtern. Insofern sind sie an der Unterdrückung beteiligt. Im Arbeitsprozess oder als Mutter können Frauen auch Träger von Unterdrückung sein. Sie sind es nicht als Frauen, genauso wie Schwarze nie als Schwarze Unterdrücker sind; in anderer Hinsicht, z.B. als Männer, aber schon.

Als Kinder waren wir alle Opfer, indem wir in das Unterdrückungssystem hineinsozialisiert wurden. Als Erwachsene/r gilt es aber zu sehen, was mann/ frau geworden ist und Verantwortung dafür zu übernehmen, was mann/frau wird.

Als Jungen sollten wir 'männlich' werden, das war uns zugedacht. Der Kern der 'Männlichkeit' ist seine Funktion, Männer zu Herren zu machen. 'Männlichkeit* ist "Führungskraft" und "Dominanz".[81] Das männliche Ich ist ein "Herrscher-Ich"[82]

Die Funktion des Begriffes 'Männlichkeit' lässt sich jetzt näher bestimmen. Sie besteht in der Erzeugung des Bündels von Erwartungen an Männer, Herren oder Herrscher zu sein. Das bedeutet nicht, dass Männer nur Herren sind. Inzwischen gibt es nun doch einige wenige Männer, die sich im Bewusstsein dessen, was sie selbst dazu beitragen, mit dem Sexismus als systematische Unterdrückung von Frauen auseinandersetzen. Männer sind Unterdrücker und Unterdrückte. Sie tragen Anteile in sich, die dazu da sind, Frauen zu unter- drücken. Nicht nur 'die Gesellschaft', die böse, unterdrückt, jeder einzelne Mann unterdrückt Frauen. Nicht nur 'die Gesellschaft' unterdrückt Männer. Männer unterdrücken sich auch seiest. Diese Unterdrückung findet sich im gesamten Leben eines Mannes wieder, am Arbeitsplatz, in Gruppen, in Beziehungen zu Frauen, zu Männern und zu Kindern, in der Sexualität und im Körper, der Manifestation unserer Existenz. Herrschaft hat sich in die Körper der Be- herrschten, aber auch in die Körper der Herrschenden selbst, eingeschrieben.[83]

Überlegungen zur Emanzipation des Mannes müssen beide Teile berücksichtigen, das Täter-Sein und das Opfer-Sein. Der Feind sitzt, sofern er überhaupt als solcher gesehen wird, im eigenen Körper, in der eigenen psychischen Struktur, im eigenen Denken. Aber er sitzt auch draußen, in Form gesellschaftlicher Machtstrukturen.

Dieses Dilemma drückt sich am deutlichsten in der Sexualität aus, an der ich exemplarisch den Zusammenhang zwischen Mann-Sein und Unterdrückung, dem oben entwickelten Unterdrückungsbegriff folgend, darstellen möchte; aber auch Ansatzpunkte der Veränderung möchte ich aufzeigen.

9. Die Sexualität als Zentrale der sexistischen Unterdrückung

Die Unterdrückung der Frau durch den Mann spiegelt sich am deutlichsten in der Sexualität: Dort sind Frau und Mann am weitestgehenden auf ihr Frau-Sein bzw. Mann-Sein bezogen. (D.h. nicht unbedingt, dass Frauen dort am meisten unterdrückt werden.)

Sexualtabus und repressive Sexualmoral betreffen beide Geschlechter, aber auf unterschiedliche Weise.

1) In der klassischen heterosexuellen Sexualität liegt der Mann oben, die Frau, ist 'in der Niederlage'.[84] Frauen wird eigene sexuelle Lust abgesprochen, sie sind für die Lust des Mannes da und erhalten dafür 'Schutz' und Nahrung. Sex ist heterosexueller Koitus bzw. - wie ich es lieber entmystifizierend ausdrücken mochte - Rein-Rubbel-Raus-Spielchen. Sexualität folgt einem Programm: Vorspiel zum Anwärmen und Anfeuchten der Vagina, Rein-Raus-Spiel, Samenabgang und - bestenfalls - Nachspiel. Die Penetration ist zum Symbol geworden für die patriarchalische Unterdrückung.[85] Der Mann dringt in die Frau ein, um sich zu befriedigen, er nutzt sie aus. "Der Geschlechtsverkehr ist Symbol für die Besitzansprüche des Mannes gegenüber der Frau", ist "... ein Zelebrieren der männlichen, der patriarchalischen Kultur."[85]
Die Definition von Sex als Rein-Raus-Spiel beinhaltet automatisch den männlichen Samenabgang (gleich Orgasmus?) als Höhepunkt, denn die männlichen Bedürfnisse sind - wenn auch auf den Samenabgang fixiert uns reduziert - mitdefiniert, alles andere ist ohne das kein richtiger Sex. Das wird biologistisch verteidigt durch den Hinweis, dass ohne den Samenabgang/Orgasmus des Mannes kein Kind entstehen kann. Bedürfnisse von Frauen werden in dieser biologistischen Definition von Sexualität völlig ignoriert.

2) Eine Entwicklung tritt ein, wenn die sogenannte 'Frigidität' der Frau zum Problem wird. Anscheinend ist die rücksichtslose und männlich-egoistische Version von Sexualität ideologisch nicht mehr offen vertretbar. was zunächst geschieht ist nicht etwa die Neubestimmung der Sexualität nach den Bedürfnissen von Frauen, sondern eine Bestimmung der weiblichen Sexualität nach der herkömmlichen Rein-Raus-Sexualität. Der Mythos vom vaginalen Orgasmus als der reifen Form der weiblichen Sexualität wird aus der Taufe gehoben und spukt noch heute in vielen Köpfen herum. Wenn Frauen jetzt noch immer keine Lust am Sex haben, ist das ihr Problem, sie sind unreif. Dass Frauen es dann z.T. vorziehen, Lust und Orgasmus vorzuspielen, belegt eindeutig, dass diese Art 'Berücksichtigung' der weiblichen Bedürfnisse nicht im Sinne der Frauen sein kann. Frauen, die Geilheit vorspielen und stöhnen, sind einfach geiler für die Männer. Und wenn sie stöhnen, wie können sie sich dann nachher beklagen, dass sie zu dieser Art Sex keine Lust haben? Die Männer sind dann empört. 'Betrogen!' Frauen bleiben nach dieser Definition weiblicher Sexualität als vaginalem Orgasmus Sexualobjekte des Mannes. (Von den Bedürfnissen der Männer nach der Frau als Mutter wird noch die Rede sein.)
Andere Formen der Sexualität gelten mindestens als Abweichung, wenn nicht als Perversion. Am deutlichsten wird das bei der Unterdrückung der Homosexualität.

3) Eine weitere Entwicklung tritt erst ein, wenn Frauen beginnen, ihre eigenen Bedürfnisse zu entdecken und deren Befriedigung zu fordern. Männer geraten in Verwirrung und Stress und machen es alsbald zur Leistung, Frauen besonders gut zu befriedigen. Der Maßstab dafür bleibt männlich orientiert. Männer, die immerhin schon begriffen haben, dass das sexuelle Lustzentrum der Frau die Klitoris ist, machen aus deren Reizung Leistung, messbar in 'zähl- baren Erfolgen': Orgasmen.
Dadurch kommen Männer aber immer mehr in Schwierigkeiten, die eigenen Bedürfnisse zu befriedigen. Nachdem sie diese nicht mehr ungehindert befriedigen können, fallen sie ins andere Extrem und werden zum - vermeintlichen - Lustbereiter der Frau. Wer nun meint, auf diese Weise seien Männer

von Frauen unterdrückt, schließt - wie oben dargestellt - kurz und verwechselt Unbehagen und Abhängigkeit mit Unterdrückung. Als 'Lustbereiter' nehmen Männer nur die letzte Chance wahr, dominant zu bleiben. Dabei geht es ihnen allerdings bereits schlechter. Aber sie bestimmen nach wie vor das Geschehen, bleiben aktiv und behalten die Kontrolle. Deswegen empfinden viele Frauen diese Art, Lust bereitet zu bekommen, als Stress und Unterdrückung: Sie 'liefern' Orgasmen für das angeknackste Selbstbewusstsein des Mannes.

4) Die Unterdrückung spiegelt sich nicht nur direkt in der Sexualität, sondern auch in der Form sexueller Beziehungen. So ist nicht nur die weibliche Sexualität über die des Mannes definiert, die gesamte Existenz der Frau definiert sich - traditionell - über den Ehemann: Aus der unreifen Frau- lein Schulze wird die reife Frau Müller, die einem Mann gehört. Diese Grundstruktur setzt sich - auch nach der Änderung des Namenrechts - bis in die feinen Details der modernen, offenen, heterosexuellen Zweierbeziehung fort. Die Diskussion darüber ist mir hier und jetzt aber ein zu weites Feld, und ich habe auch selbst genug damit zu tun.

5) "An der Empfängnisverhütung lässt sich die ganze Gesellschaftsscheiße verdeutlichen und die Frauen müssen es schlucken. So kommt es auch nicht von ungefähr, dass so viele Methoden entwickelt wurden, die Frauen zu Experimentierkaninchen ausbeuten, nur damit die Männer in Ruhe abficken können.'"[86] Verhütung ist Frauensache. Diese Einstellung findet sich nach wie vor sei fast allen Männern (und auch bei vielen Frauen ...). Inzwischen spielen sich aber aus Anlass der Verhütung sehr viele Konflikte zwischen Mann und Frau ab. Frauen schlucken nicht mehr bedenkenlos die Pille, lassen sich auch nicht mehr ohne weiteres eine Spirale einsetzen oder lassen sie jedenfalls schneller entfernen, wenn es Komplikationen gibt. Die herrschende Definition von Sex als Schwanz in Vagina stecken und abspritzen gerät in permanenten Konflikt mit der Unmöglichkeit der 'perfekten' Verhütung. Frauen lassen sich nicht mehr so schnell ein Kind machen, sind aber auch nicht bereit, ihren Körper mit Chemie vollzupumpen. Die

Verhütungsdiskussion wird zum Dauerbrenner in Beziehungen. Daran, wie diese Diskussion geführt oder vermieden wird, lässt sich das Unterdrückungsverhältnis ablesen. Nicht nur, dass Männer nicht die Verantwortung für die Folgen des Vögelns über- nehmen wollen, auch die Fixierung auf eine Sexualität kommt zum Ausdruck, die grundsätzlich die Bedürfnisse des Mannes nach Samenabgang in der Vagina befriedigt, die Bedürfnisse von Frauen aber im Konzept nicht eigenständig mit beinhaltet.

Da auch viele Frauen erst noch lernen, 'nein' zu sagen und ihre Bedürfnisse auszudrücken, spielt sich der Konflikt an der Verhütung ab: 'Heute geht es nicht' heißt dann oft 'ich will jetzt nicht!' Nach und nach wird die Männlichkeit in ihrem Zentrum in Frage gestellt. Der Schwanz als Lustspender per se wird von Frauen entthront, es geht auch ohne ihn und vielleicht sogar besser. Manche Männer, die immer- hin schon ihre Fruchtbarkeit von ihrer Lust und Potenz unterscheiden können und den Schritt einer Sterilisation erwägen, meinen allerdings, sich dadurch quasi den Macker abschneiden zu können. Die Mann-Frau-Konflikte lassen sich leider nicht durch einen Schnitt durch den Samenstrang lösen. Dieser Irrglaube wird brutal deutlich in einem Artikel im Männerkalender 1978, in dem Rene Zind von den 1001 sexuellen Schwierigkeiten mit Frauen berichtet- in einer Sprache, die sich kaum bemüht, die Frauenfeindlichkeit zu vertuschen. "Ich hab gleich gemerkt, dass die Fut verkrampft ist. Und wenn se nur ein wenig verkrampft war, ich hab meinen Schwanz rausgezogen. Nein danke, mit mir net! Die Frau hat dann meist ein bisschen deppert dreingeschaut, sowas hat se noch nie erlebt!"[87] lobt Zind sich. Was für ein Frauenfreund! Aber die Verkrampfung hatte natürlich nichts mit ihm zu tun, nein, nur mit den ungelösten Problemen der Verhütung ... Wie anders könnte er sonst zu dem Schluss kommen: "Sterilisation = Lust ohne Last. Punkt! AUS! Schluss!"[88]

Sterilisation ist eine Methode der Verhütung für Männer, die sicher sind, keine Kinder zeugen zu wollen - nicht mehr und nicht weniger. Wenn der sexuelle Konflikt zwischen Mann und Frau dort ausgetragen wird, wo er wurzelt, im Dogma Sex = Koitus, könnte sich eine neue Sexualität entwickeln, die der Verhütungsthematik jede Dramatik nimmt: "Trotzdem finden wir, dass man nur an sicheren Tagen mit Reinstecken ficken sollte, wenn man keine Kinder will, um ansonsten die vielen, vielen anderen wunderschönen Möglichkeiten des Zusammenseins auszuschöpfen!!!"[89]

Dass Verhütung - alle sich daran aufspulenden Konflikte einmal außer Acht - selbst schon psychische Folgen haben kann, will ich nicht bestreiten. "Ein anderes Argument gegen die Pille beschäftigt mich. Manche Frauen, die jahrelang die Pille genommen haben, sagen jetzt, dass die Ausschaltung des Schwangerschaftsrisikos letztlich die sexuelle Lust beeinträchtige. Die Ausschaltung der Möglichkeit mit dem Partner ein Kind zu zeugen, die ursprünglich und natürlich mit dem sexuellen Akt verbunden ist, schlage auf die sexuelle Erlebnisfähigkeit zurück."[90]

Kaum zu glauben, aber hier treffen sich die erzreaktionären Thesen der katholischen Kirche mit dem Erleben der Sexualität bei Frauen und Männern, wenn der Kinderwunsch oder das Zeugungs- und Empfängnisbewusstsein nicht verdrängt sind. Pilgrim spricht sogar vom "seelischen Widerhaken der Verhütung", der ihm ständig kleine Wunden reißt,[91] und wirbt dann für die Rein-Raus-Lust im Arschloch statt in der Scheide. Im Gegensatz zu den vatikanischen Thesen hat das Erleben und Bewusstsein von Empfängnis und Zeugung keinen repressiven Charakter, wenn damit die Befreiung der Lust vom heterosexuellen, genital fixierten Koitusdogma einhergeht.

6) Das sexuelle Unterdrückungsverhältnis strukturiert Körper und Sexualität von Männern und Frauen. Männersexualität ist die Sexualität des Herrschenden, der Körper des Mannes ist von seiner Rolle gezeichnet. Jede der aufgezeigten Formen der sexuellen Unterdrückung findet ihre Entsprechung in der Struktur der männlichen Lust. Das Dogma 'Sex ist Koitus' entspricht der Schwanzfixierung und Zielorientierung männlicher Sexualität. Die Ignorierung weiblicher Bedürfnisse spiegelt sich in der Unfähigkeit von Männern zu wirklichem Kontakt. Das hetero- sexuelle Programm entspricht männlich-sexueller Phantasielosigkeit. Die Degradierung der Frau zum Sexualobjekt führt zur Abspaltung der Sexualität von den Gefühlen des Mannes. Die Leistungsnorm, es der Frau möglichst oft und toll zu 'besorgen',

bewirkt die Unfähigkeit von Männern zu Genuss, Aufgabe der Kontrolle und Fallenlassen. Die Einseitigkeit der Penetration des Mannes in die Frau findet sich wie- der in seiner Unfähigkeit, jemand oder jefrau an sich heran oder in sich hineinzulassen, passiv zu sein, zu empfangen. Das alles, Schwanzfixierung, Zielorientierung, Kontaktunfähigkeit, Phantasielosigkeit, Spaltung von Sex und Gefühl, Unfähigkeit zu Genuss, Eingabe, Empfang, Passivität, sind Merkmale der Herrschersexualität, Männersexualität. Sie klingen wenig sympathisch. Und Frauen beneiden Männer darum wahrscheinlich nicht.

7) Auch die Sprache spiegelt die sexistische Unterdrückung, in Zusammenhängen, wo nicht jeder gleich an Sex denkt: "Einfluss haben" bedeutet 'Macht haben' und 'in der Frau ejakulieren'; "Es muss doch was dabei herauskommen" bezeichnet die Zielorientierung und. gleichzeitig die Auffassung 'es muss Samen herauskommen, sonst war's kein richtiger Sex'; "Dreck am Stecken haben" heißt, etwas Verbotenes getan zu haben und erinnert nicht zufällig an Analverkehr; "Reinstecken" heißt investieren, um Gewinn zu machen, und penetrieren; "etwas zustande bringen' - etwas positives schaffen - eine Erektion 'zustande bringen'. Die Reihe ließe sich fortsetzen.

8) Dass Männersexualität heute noch immer Herrschersexualität ist, heißt nicht, dass sie die emotional und sexuell befriedigendste und für den Mann wünschenswerteste Form der Sexualität ist. Männer haben zwar ein Interesse, unter gegebenen Umständen die Macht zu behalten. "Daraus folgt aber noch nicht, dass ein anderes Arrangement als das der Unterdrückung nicht für alle Beteiligten sinnvoller, befriedigender, adäquater wäre. Die absolute Intelligenz des Unterdrückers ist ein merkwürdiges Postulat sowohl konservativer als auch linker Theorien. Wir glauben: Nicht nur aus dämonischer Bosheit, totalisierter Selbstsucht und imperialistischer Charakterstruktur verhalten sich die Übergeordneten unterdrückerisch, sondern auch aus Angst. Aus Kurzsicht. Aus mangelnder Fantasie. Weil sie es so gelernt haben. Weil sie keine andere Möglichkeit sehen. Weil sie sich vor Veränderungen fürchten. Aus Unsicherheit. Weil ihre Umgebung, ihre Vorgesetzten,

der Staat es von ihnen verlangen",[92] führen Benard/Schlaffer treffend aus. Ich zweifle zusätzlich an der absoluten Fähigkeit der Unterdrücker zum Erleben von Lust." Wer es sich leisten kann, fragt nicht nach moralischen Tabus, sondern befriedigt seine Lust mit wem und wann er will",[93] behauptet Gerhard Wilhelm und berücksichtigt dabei nicht, welcher Begriff von Lust und Befriedigung hier zugrunde liegt. Ich glaube, ein sehr oberflächlicher und deformierter!

Männer sind zwar Unterdrücker. Aber sie sind auch Opfer. Sie haben sich nie freiwillig und bewusst dafür entschieden, so zu sein, wie sie jetzt sind. Es ist unklar, was sie mehr sind: Täter oder Opfer. Und es ist unklar, ob sie sich aus den Verhältnissen lösen wollen.

Es ist denkbar, dass manche Männer weder unterdrücken noch Opfer sein wollen (ich z.B.). Das setzt aber ein Bewusstsein der Täter-Seite voraus, eine Wahrnehmung der eigenen Anteile an der Unterdrückung. Bei diesen müssen Veränderungen ebenso ansetzen wie an größeren sozialen Strukturen.

Nein, die Unterdrücker-Sexualität sieht wirklich nicht sehr lustvoll und verlockend aus. Wenn mann sich anderes vorstellen kann. Und davon gibt es eine Menge: Mehr Gefühle zulassen können, sich fallenlassen können, am ganzen Körper Lust empfinden, Frauen, Männer und Kinder lieben können, Androgynie, Bisexualität, Homosexualität, Anal-Lust, Ohrgasmus sind Stichworte und Hinweisschilder, die in eine neue Richtung weisen: auf ein allseits befriedigendes 'Arrangement'.

Männer und Frauen sind eingebunden in das sexistische System, in dem Männer die Unterdrücker, Frauen die Unterdrückten sind. Ich will hier nicht behaupten, dass Frauen hin und wieder nicht auch ihren Teil dazu beitragen, dass sich nicht so viel ändert. Colette Bowling stellt in ihrem Buch "Der Cinderella Komplex" sogar die These auf, "... dass die persönliche, psychologische Abhängigkeit - der tiefverwurzelte Wunsch, von anderen versorgt zu werden - die stärkste Kraft ist, die Frauen heute unterdrückt."[94] Soweit würde ich zwar nicht gehen, aber dass sich auch den Frauen die Opfer-Rolle in Körper, Geist und Psyche eingeschrieben hat, denke ich schon. Und ich denke auch, dass es für Frauen manchmal bequemer und risikoloser ist, Männer für alles verantwortlich zu machen, um nicht selbst die Verantwortung übernehmen zu müssen, obwohl das z.T. schon möglich wäre. Über diesen Teil weiter nachzudenken ist weder hier mein Thema noch überhaupt 'mein Ding': Auf der persönlichen Ebene kann ich bestenfalls versuchen, mich zu ändern, deshalb suche ich nach dem Ansatzpunkt, den Männer heute haben, sich von den Verhältnissen und damit auch von einem Teil ihrer selbst zu emanzipieren und. - nicht zuletzt auch dadurch - auf die Verhältnisse zurückzuwirken.

Teil III: Begriff und Bedingungen der Männeremanzipation

10. Was ist Emanzipation?

Bevor ich diese Frage direkt auf Männer beziehe, möchte ich zunächst einige allgemeine Kriterien der Emanzipation entwickeln, an denen dann die Möglichkeiten und Grenzen speziell der Männeremanzipation aufgezeigt werden können.

Von Emanzipation redet heutzutage fast jeder. Emanzipation klingt progressiv. "Kaum eine der an die Öffentlichkeit tretenden Gruppen glaubt noch, auf die Werbewirksamkeit des Begriffes 'Emanzipation' verzichten zu können.[1] Dabei versteht jeder etwas anderes darunter: "Jeder mag unter Emanzipation fassen, was er für gut und erstrebenswert hält."[1]

Zugleich ist Emanzipation nicht irgendein Begriff, sondern sehr stark mit Emotionen, mit Hoffnungen, mit Wünschen, mit Ängsten und mit Argwohn verknüpft.

Nun will ich auch nicht auf diesen Begriff verzichten. Ich will ihn aber genauer bestimmen und von anderen Deutungen, die mir unzureichend erscheinen, abgrenzen.

Die platteste Version versteht unter Emanzipation "...endlich das zu tun, wozu man Lust hat", wie Michael es Mitgliedern seiner Männergruppe unterstellt.[2]

Andere verstehen unter Emanzipation die Ausweitung der Wahlmöglichkeiten, dieses oder jenes zu tun[3] oder als "...Erweiterung der Rollen- und Entscheidungsspielräume für Mann und Frau, die Möglichkeit, die eigene Lebensgeschichte frei von materiellen, sozialen oder psychischen Zwängen und Leiderfahrungen bestimmen zu können."[4] Diese Versionen lassen sich alle auf das "... Konzept von Emanzipation als dem Ergebnis individueller Bemühungen, sich von unbegriffenen Zwängen, Erkenntnisschranken und Verhaltenszwängen zu befreien"[5], reduzieren und als halbe Emanzipation bezeichnen.

Wesentlich weiter reicht ein Konzept der Emanzipation erst als "...Befreiung aus diesen Verhältnissen, die sich im Verlauf der Menschheitsgeschichte in Verbindung mit der Unterdrückung der Sexualität herausgebildet haben. Emanzipation ist Prozess und Ziel zugleich."[6] In einen solchen Konzept konnte das oben beschriebene gesellschaftliche Mann-Frau Unterdrückungsverhältnis einbezogen werden, dessen Aufhebung Ziel wäre, das dem Prozess die Richtung angibt.

"Nichthalbierte, volle Emanzipation bedeutet nun konsequenterweise Aufhebung von Entfremdung, Herausführung aus 'allen versklavenden Verhältnissen' und bedeutet gleichermaßen jenen Schritt und jede Bemühung, die auf dieses Ziel gerichtet sind."[7]

Auf dem Weg zur Veränderung von sozialen Verhältnissen darf aber auch das Individuum mit seinen Hemmungen, Ärgsten, seinem "entfremdeten Bewusstsein"[7], nicht außer Acht gelassen werden. Wie oben beschrieben manifestieren sich die Herrschaftsverhältnisse im Körper, der Sexualität und im Leben eines jeden Menschen. Emanzipation ist also auch individueller Prozess der Gewahrwerdung dieser Manifestationen - "Verkörperungen" im Wortsinne - und deren schrittweiser Veränderung. Solche individuellen Veränderungen können dann auch den Weg frei geben für eine kollektive Emanzipation.[8]

Oelschlägel unterscheidet diese beiden Aspekte der Emanzipation als politischen und pädagogischen Begriff von Emanzipation und betont die Relevanz des letzteren für die Soziale Arbeit: "Emanzipatorische Sozialarbeit heißt Erweiterung von Handlungs-Spielräumen so, dass die Menschen nicht im Zustand der Abhängigkeit von vorgegebenen Lebensbedingungen bleiben müssen, sondern bewusst durch Teilnahme an gesellschaftlichen Prozessen Einfluss auf die eigenen Lebensbedingungen zu nehmen suchen."[9] Ob dieser Ansatz auf die Männeremanzipation übertragbar ist, wird noch zu bedenken sein. Es ist ja nicht sicher, dass Männer eine Erweiterung ihres Handlungsspielraumes in Richtung auf einen Abbau der Herrschaftsverhältnisse nutzen würden.

Auch die Forderung nach Parteilichkeit von Emanzipation, die Hoffmüller/ Neuer stellen,[10] ist auf Männeremanzipation nicht ohne weiteres übertragbar: Welche Partei sollen Männer ergreifen?

Festhalten möchte ich den Begriff der 'vollen Emanzipation' im Gegensatz zur "halbierten Emanzipation, die dem System nicht abgerungen werden muss."[11] Sie beinhaltet Prozess und Ziel sowohl individueller als auch gesellschaftlicher Veränderung in Richtung auf die Abschaffung von Herrschaft.

11.   Was ist Männeremanzipation?

Der allgemeine Emanzipationsbegriff lässt sich nicht ohne weiteres auf Männer anwenden. Männer gehören als solche keiner unterdrückten Klasse oder Gruppe an. Die Mächtigen unserer Gesellschaft sind Männer, Männer haben als Träger der sexistischen Unterdrückung Anteile in sich, die der systematischen Unterdrückung von Frauen dienen. Diese Anteile sind ihr Herrengebaren und werden durch den Begriff Männlichkeit zur Norm für alle Männer. Indem Männer sich und andere Männer auch selbst unterdrücken, sind sie auch Opfer.

Wenn Emanzipation als volle Emanzipation sowohl die individuelle Befreiung aus Herrschaftsverhältnissen als auch als Ziel deren generelle Abschaffung umfassen soll, bedeutet das für den Mann: Er muss seiner Täter-Seite gewahr werden, d.h. sich bewusst werden und fühlen, wo und wie er Funktionen der Unterdrückung in sich trägt und wie er sie weitergibt; er muss sich aber auch seiner Opfer-Seite bewusst werden, d.h. er muss das Leiden an den Verhältnissen zulassen, die auch ihn nicht völlig befriedigen. Und er muss beides zu verändern suchen, d.h. sich von seinen unterdrückenden Teilen lösen und sich dort, wo er Opfer ist, gegen die Unterdrückung wehren.

Beides muss auch auf der gesellschaftlichen Ebene verändert werden. Diesen Aspekt klammere ich aber zunächst aus und diskutiere Möglichkeiten der individuellen Emanzipation, allerdings mit der Zielrichtung eines gesellschaftlichen Abbaus von Herrschaft.

Ein moralischer Apell 'Männer, lasst das Unterdrücken sein!" hilft da wenig und ist völlig wirkungslos. Moralisch getränkt scheinen mir z.B. die Ausführungen von G. Wilhelm zur Emanzipation des Mannes. Wilhelm diagnostiziert treffend, die Brüche im Denken rollenkritischer Männer, um dann aber in Bedauern von deren mangelnder Selbstkritik stehen zu bleiben, anstatt nach einer möglichen Motivation zu Emanzipation zu fragen.[12] Auch der gutgemeinte "... Tipp von der feministischen Front: Noch ist es Zeit, überzulaufen"[13] wird nicht ohne weiteres auf fruchtbaren Boden fallen. Voraussetzung ist nämlich, dass Männer überhaupt selbst ein Interesse an einer so verstandenen Emanzipation haben. Ich muss also zunächst die Interessenlage der Männer untersuchen unter dem Aspekt von Bedingung und Möglichkeit ihrer Emanzipation, und zwar auf verschiedenen Ebenen.

Soweit ein Mann von den herrschenden Verhältnissen mehr profitiert oder zu profitieren glaubt als bei einer Abschaffung von Herrschaft überhaupt, wird er sich nicht ändern wollen. Auf der ökonomischen und politischen Ebene gibt es am Profit der Männer keinen Zweifel. Auf der persönlichen Ebene könnten herrschaftsfreie Verhältnisse auch für Männer befriedigender sein. Die Motivation von Männern geht also, wenn überhaupt vorhanden, von dieser Ebene aus.

Vier Widerstände stehen seinem möglichen Interesse an Emanzipation entgegen und blockieren die Motivation; Sie beziehen sich auf die

a) Selbstwahrnehmung als 'Täter'

Männer, die sich aus den Herrschaftsverhältnissen befreien wollen ohne zu sehen, was sie selbst an Herrschaftsverhalten in sich tragen, sind auf dem Weg zur Emanzipation blockiert. Überall, wo sie meinen, Herrschaft abzuschaffen oder zu bekämpfen, tragen sie Herrschaft selbst mit hinein, weil sie sie in sich tragen.

b) Identität als Mann

Solange ein Mann mit 'Männlichkeit' als Funktion der Herren-Rolle - zumindest überwiegend - identifiziert ist, muss er erst neue Identifikationsmöglichkeiten für sich finden, die nicht mit der Unterdrückung verbrüdert sind. Ein kann, der noch immer Angst hat, nicht männlich genug zu sein, wird seine unterdrückenden Anteile auch nicht aufgeben können.

c) Selbstwahrnehmung als Opfer

Ein Mann, der seines Opfer-Seins nicht gewahr wird, hält sich - wie oberflächlich auch immer - für die Krönung der Schöpfung, 'steht seinen Mann', während im Innern schon sein Magen zerfressen wird. Solange er sein

Leiden an den Verhältnissen nicht zulassen und ausdrücken kann, ist jede Quelle der Veränderung verschüttet.

d) Der Widerstand, sich als Täter zu sehen, fuhrt leicht dazu, sich als Opfer dort zu sehen, wo Mann Täter ist und den Abbau eigener Herrschaftsanteile - der schmerzhaft sein kann - oder den Widerstand von Frauen und anderen Männern - der auch schmerzhaft sein kann - mit erlittener Unterdrückung zu verwechseln. Eine solche Verwechslung liegt den Brüchen männlicher Logik zugrunde, wenn es um die sexistische Unterdrückung geht. Die Überwindung dieser Widerstände sind zugleich Kriterien einer Männeremanzipation.

Ob Männer diese Widerstände überwinden können und an die Quelle eines möglichen persönlichen Interesses an Emanzipation gelangen, wird wahrscheinlich davon abhängen, was sie überhaupt in Bewegung gebracht hat oder bringt.

12. Was motiviert Männer, sich zu ändern?

Unter Motivation verstehe ich das, was Veränderungsprozesse bei Männern in Gang setzt, was Energie spendet und die Richtung steuert. Eine wichtige Unterscheidung ist die von Eigen- und Fremdmotivation. "Fremdmotivation. ist ein von außen an den Wann herangetragener Anspruch, sich mit seiner Rolle auseinanderzusetzen. Eigenmotivation ist das Leiden an. der Unterdrückung durch die Männerrolle."[14]
Haben Männer Leidensdruck? H.E. Richter arbeitet den Widerspruch heraus, warum Männer weniger leiden, aber von ernsthaften Erkrankungen mehr gefährdet sind: "Die 'Risiko-Persönlichkeit' des Herzinfarktes erscheint als eine Steigerungsform einiger Hauptzüge aus dem Selbstbild der Männer... Es setzt sich die Linie fort: Angstfreiheit, Ehrgeiz, Stärke, Dominanz."[15] Solche Männer fühlen sich meistens kerngesund und gehen erst in größter Not zu, dass es ihnen schlecht geht. Aber es geht ihm schlecht. Er ist bereits viel früher krank als er selbst es wahrnimmt: "... eine Krankheit, die kein Leiden ist."[16] Richter führt weiter aus, dass die Medizin bislang genau diese Haltung des Patienten unterstützt hat: das Gegenteil von zimperlich, labil, wehleidig.[17] Gerade das bewusste Durchleben einer Krankheit macht sie heilbar. So scheint Männlichkeit als Verhalten selbst eine Krankheit zu sein, die ihre eigene Heilung verhindert, weil sie kein Leiden zulässt. Aus all dem geht hervor, dass Leidensdruck "...nicht etwa ein absoluter, unabhängiger Wert ..."[18] ist: "Beim einen können extreme seelische Schmerzen aus einer inneren oder äußeren Situation resultieren, die einen anderen völlig unberührt lassen.[19]

Wenn Leiden wesentlicher Bestandteil der Eigenmotivation ist, die Männerrolle Leiden aber nicht zulässt, so ergibt sich zwingend, dass dem an die Holle angepassten Mann die Quelle der Veränderung unzugänglich ist. Das Nicht-Leiden-Können entspricht auch der Unfähigkeit der meisten Männer, um Hilfe zu bitten oder z.B. eine Beratungsstelle aufzusuchen, wenn sie sich irgendwelcher persönlicher Schwierigkeiten überhaupt schon einmal bewusst sind.[20]

Andererseits gibt diese Überlegung zu der Hoffnung Anlass, dass es überhaupt eine Quelle der Motivation gibt, nämlich die von der 'Männlichkeit' überlagerten und unterdrückten Gefühle. An dieser 'Männlichkeit' zu leiden, müsste den Männern noch beigebracht werden.

Manche Männer haben inzwischen begonnen zu leiden. Zum einen, weil die Männerrolle nicht so frei und ungehindert ausgelebt werden kann wie in diversen Zigarettenwerbungen. „Nur ist die Zahl der bejubelten Sporthelden gering im Verhältnis zum Heer der Bürohelden."[21] Einzelne Männer können den Druck zwischen Rollenanforderungen und ihrem gelebten oder erwünschten Verhalten nicht mehr aushalten,[22] und „... es schwinden die objektiven Voraussetzungen für die Aufrechterhaltung der männlichen Machtposition."[23], z.B. die alleinige Ernährerfunktion des Vaters. Zum anderen ist die männliche Identität brüchiger geworden, seit die Väter zuhause nicht mehr die ‚Kings' waren, die der kleine Junge bewundern konnte, und drittens sorgen immer mehr Frauen dafür, dass Männer lernen, sich ihrem Leiden nicht mehr zu verschließen ...

Die Impulse, die Männer von Frauen und der Frauenbewegung bekommen, sind zunächst Fremdmotivation. Frauen wirken auf Männer auf verschiedene Weisen:

a) Frauen ändern ihr Verhalten in Richtung auf mehr Unabhängigkeit und Selbstbewusstsein, gehen in eine Frauengruppe, verweigern sich teilweise oder ganz dem Mann oder verlassen ihn.
b) Frauen üben konkreten Druck auf Männer aus - z.B. ‚geh' in eine Männergruppe' - und lassen sich nicht mehr alles gefallen.
c) Frauen unterstützen Männer in ihren Bemühungen, sich zu ändern; meist nur dann, wenn schon eigene Ansätze da sind und die Männerrolle nicht allzu krass gespielt wird.

Diese Impulse entfalten erst dann ihre volle Wirkung, wenn sie beim Mann eine eigene Motivation freilegen. Pilgrim stellt sich das so vor:

1. Frauenaktionen kollektiv-allgemein,
2. sexueller Angriff oder Entzug im einzelnen Verhältnis, verbunden mit sachlich ökonomischer Unabhängigkeit der Frau vom Mann,
3. Bewusstseinserschütterungen und
4. massenweise Verunsicherungen und Verhaltensschwankungen der Männer,
5. allgemeine Patriarchats-Aufweichung."[24] [25]

Wenn Frauen ihr Verhalten ändern, können Männer gar nicht einfach so weiterleben wie bisher; das fängt bei der Wäsche an, die sie selbst waschen müssen und reicht bis zum psychischen Gleichgewicht, das durcheinandergerät, wenn die gewohnte Ration Sex und mütterliche Fürsorge ausbleibt. Das zwingt Männer, sich auch irgendwie zu ändern, zwingt sie aber nicht in eine bestimmte Richtung. So suchen viele Männer erstmal eine andere Frau, die das alte Spiel noch mitspielt.

Erst wenn das Leiden an Entzug der Frau oder deren Emanzipation zum Leiden an den Unterdrückungsverhältnissen selbst wird und damit auch zum Leiden an der eigenen Unterdrückerrolle und deren Manifestationen in Körper, Gefühl und Denken, kann von einer Motivation zur Emanzipation gesprochen werden. Ansatzpunkt solchen Leidens ist das Leiden an der eigenen Unterdrückung von Gefühlen, an Gefühllosigkeit, an der Unfähigkeit zum Ausdruck von Gefühlen, an der Unlebendigkeit und Panzerung des Körpers, der keine Energieströme und damit Gefühle zulässt, an der unbefriedigenden Sexualität: "... unsere innere Borniertung, uns selber und anderen Männern gegenüber, (ist uns) zu einem konkreten Leiden geworden, weil sie zunehmend quer liegt zu beglückenden Erfahrungsmomenten und zu Bedürfnissen, von denen man nicht mehr absehen kann und will."[26]

Solange aber Männer nichts empfinden, können sie auch nicht an ihrer Gefühllosigkeit leiden, denn das setzt schon das Zulassen von Gefühlen voraus. Entweder müssen die Schmerzen so groß werden, dass sie nicht mehr ignoriert werden können und so zum Ausbruch kommen. Oder es entstehen Hoffnungen und Wünsche, besser und intensiver zu leben, oft indem Männer bei Frauen miterleben, wie befreiend und befriedigend das Zulassen von

Gefühlen sein kann, (manchmal entsteht dadurch allerdings auch Leid auf Frauen, der sich nicht immer so förderlich auswirkt.)

Auch Wünsche nach intensiven Beziehungen zu Männern, in denen auch Gefühle ausgelebt werden, können, entstehen: "Im Verlauf der Trennung von meiner Frau ist mir allmählich aufgefallen, dass in meinem Verhältnis zu Männern was nicht stimmt."[27]
Diese Entwicklung kann so weit gehen, dass schwule Bedürfnisse bewusstwerden und nach Ausleben trachten, z.T. gehen aber auch von schwulen Männern Impulse aus, die Männern zeigen, dass Männer auch 'anders' sein können und es Alternativen gibt zum 'Heteromacker'.
Für einige Männer scheint die Motivation darin begründet zu sein, dass sie schon anders sind als es das Rollenbild verlangt. Diese Männer befinden sich z.T. in einem Zwiespalt: "Es bleibt die Frage, die wir uns in der Männergruppe stellten, inwieweit unsere Unzufriedenheit mit unserer Rolle daraus resultiert, dass wir es nur nicht schafften, so richtige harte Männer zu sein, oder dass wir tatsächlich Erfahrungen gemacht haben, die uns weitergebracht haben. Haben wir die Scheißmännerrolle tatsächlich hinter uns gelassen, oder konnten wir sie nur nie erreichen?"[28] Gerade Männer in diesem Zwiespalt könnten besonders motiviert sein, denn den Gewinn der Männerrolle erhalten sie kaum, weil sie sie nicht spielen können; deswegen suchen sie nach neuen Wegen, ohne zu viel aufgeben zu müssen. "Die Männergruppen sind eine Schule für (sogenannte) schwache Kaiser!?! Hine Möglichkeit für sie, ihre Stärken zu entdecken, und ein großer Teil ihrer Stärke ist ihre Schwäche."[29] Diese Motivation trifft in besonderem Maße auf schwule Männer zu, ganz abgesehen von deren gesellschaftlicher Unterdrückung.
Auf die Erfahrung, die Männerrolle nicht gut spielen zu können, kann aber auch ganz anders reagiert werter., nämlich mit extremer (versuchter) Anpassung an die Rolle. Die Angst, kein 'richtiger' Mann zu sein, bringt zuerst viele Männer dazu, gerade noch mehr Gefühle zu verbergen, noch härter, stärker, dominanter zu sein, ihre 'Männlichkeit' zu beweisen. Und das ist überhaupt das Grundmuster der Männerrolle: "Den Mann gibt es, sozusagen, nur als Idee, nicht als wirkliche, lebende Person. Es gibt Menschen, die

71

sich gerne so verhalten möchten, wie es sich für einen Mann gebührt, aber den Mann gibt es nur als unzulängliches Imitat und als Sagengestalt.[30]

Die meisten Männer sind überhaupt nicht motiviert, sich in Richtung Abbau von Männerherrschaft zu emanzipieren. Ahnen sie noch nicht den persönlichen Gewinn einer solchen Umwälzung?[31] Oder haben sie mehr zu verlieren als zu gewinnen, wie Helge Pross meint.[32] Sind sie nicht fähig, sich für sich selbst, für die eigenen Belange in Bewegung zu setzen?[33] "... haben (sie) noch nicht erkannt, in welch misslicher Lage sie sich befinden, dass sie den emanzipierten Frauen (vor allem aber den Wirtschaftsgiganten) ziemlich stark unterlegen sind?"[34] oder braucht man die 'Männlichkeit' zum Überleben im "Dschungel einer männlichen Ökonomie"?[35]

Alle diese Theorien sind Vermutungen, sie liegen auf verschiedenen Ebenen und müssen sich nicht ein- mal widersprechen. Es erscheint mir aber sinnvoller, weiter herauszufinden, warum und wie manche Männer motiviert sind. Vielleicht lassen sich dann auch Schlüsse ziehen, warum andere es nicht sind.

Die genannten Impulse der Motivation, die Fremdmotivation durch Frauen, andere Männer und Schwule, die Eigenmotivation durch Leiden und Wünsche bzw. Erwartungen bestimmen noch nicht eindeutig die Sichtung einer Veränderung. Sowohl die Anpassung an die Rolle als Wiederherstellung eines alten Gleichgewichts als auch der Aufbruch zu neuen Ufern wie auch das Zurück zu noch mehr Herrschaftsverhalten sind möglich. Deshalb möchte die Motivation der Männer im Folgenden genauer bestimmen anhand des ‚wovon' und des ‚wohin' bzw. ‚wozu' der Emanzipation: Wovon müssen Männer loslassen, und wo wollen sie hin? „Die qualitative Differenz des ‚wovon' und ‚wozu' bestimmen das ‚warum' der Emanzipation."[36]

In der Motivation suche ich die Energiequelle der Männer, sich zu verändern. Im ‚wovon' suche ich die Gewahrwerdung der Ambivalenz des Mannseins als Unterdrücker und als Opfer.

"Wäre ich nicht bereit, von mir als Mann zu sprechen, müsste ich große Bereiche meines Erlebens verleugnen. Ich würde mich blind stellen zu Wirklichkeiten, die mein Verhalten in starkem Ausmaß, manchmal wenig bewusst, bestimmen.[37] Gerald. Aregger führt exemplarisch aus, wie der Prozess einer solchen Gewahrwerdung verlaufen kann: Von der Selbsteinschätzung "ich bin schon emanzipiert" geht die Entwicklung bis zur Einsicht in die "zahlreichen" und "krassen" Formen männlicher Unterdrückung und bis zum Befreiungsimpuls, "nicht mehr die alte Männerrolle spielen zu müssen."[38] Und es geht auch um die Wahrnehmung des Gewinns, den Männer aus der alten Rolle noch haben: "... sollten da nicht viel mehr Männer nicht jammern, wie sie zu Männern gemacht werden, sondern unter- suchen, was ihr verschleierter Gewinn dabei ist und warum, es gerade ihnen so gut gelingt, noch Mann zu sein??"[39]

In dem 'wohin' suche ich die Utopie herrschaftsfreier Verhältnisse, in der die Abschaffung von 'Männlichkeit' als Herrschaftsgebaren enthalten sein muss: "Androgynität, nicht typisierbare Individualität bleibt ein schöner, ferner Traum. Auf den ich. zugehe mit der Zuversicht ihn zu erreichen und mit dem Wissen es nicht zu können. schnell, schleppend, auch in Kurven, aber dennoch gehe."[40] ist ein Beispiel einer solchen Utopie.

Die Analyse der Interessenlage und der Impulse der Männer sagt allgemein noch nichts über die Möglichkeiten der Realisierung einer Männeremanzipation aus. Die Widerstände geben nur Bedingungen an, die der Entdeckung eines Interesses an Männeremanzipation entgegenstehen. Und entscheidend für die Richtung der Motivation sind die Fragen:

1. Wovon müssen Männer sich emanzipieren? Was ist ihr derzeitiges Herrschaftsgebaren, und woran leiden oder lernen sie zu leiten?
2. Wohin können und wollen Männer sich emanzipieren? Was wünschen sie, was erwarten sie, was sind ihre Träume?

Die Differenz von Leiden und Wunsch gibt die Kraft, aber erst als Leiden an den Herrschaftsverhältnissen und als Utopie herrschaftsfreier Verhältnisse werden Wunsch und Leiden zu emanzipatorischen Kräften. Ich hoffe, dass die Untersuchung des 'Wovon' und 'Wohin' der Emanzipation mehr darüber ergibt, was Männeremanzipation sein könnte.

13. Wovon müssen Männer sich emanzipieren?

Wenn Männer schon in Bewegung geraten sind, sei es durch eigenes Leiden, durch Wünsche oder durch Anstoß von außen, heißt das noch nicht, dass sie an sich selbst schon das wahrnehmen, was sie sie an das Unterdrückungs-Verhältnis bindet. Oft werden Verhaltensweisen zuerst anderen Männer wahrgenommen und dort abgelehnt, bis mann merkt, dass mann selbst die Sachen auch noch ‚drauf' hat. Ein wesentlicher Schritt auf dem Wege zu einer vollständigen Emanzipation ist also das Bewusstsein der eigenen Anteile von Herrschaftsverhalten, -fühlen und -denken. Die Widerstände gegen diesen Bewusstwerdungsprozess habe ich beschrieben.

Alle Theorien und Einstellungen von Männern darüber, wovon Männer sich befreien müssen, weisen daher blinde Flecken auf; mit meiner 'Bestandsaufnahme' veränderungswürdiger Männerkisten wird es sich auch so verhalten. Vielleicht gelingt es mir aber durch die Orientierung an dem, was andere Männer schon wahrgenommen haben, die Bestandsaufnahme um Teile zu erweitern, die ich an mir selbst wahrzunehmen mich hartnäckig weigere ... Ich verzichte hier darauf, das, was Frauen - oft sicher weit zutreffender - an uns bemerkt haben, direkt mit einzubeziehen, da erst eine entsprechende Selbstwahrnehmung Grundlage einer Emanzipation sein kann. Wovon ich (noch) nicht glaube, dass ich so bin, kann ich mich auch nicht. trennen.
Wovon die Emanzipation auszugehen hat, untersuche ich nach verschiedenen Aspekten: Männer im Umgang mit sich selbst, Männer in Beziehungen zu Frauen, Männern und Kindern, Männer in Gruppen und größeren sozialen Zusammenhängen.

I) Männer und ihr Verhältnis zu sich selbst

Denken und Identität
"Der Mann steht vor seiner anstrengendsten Unternehmung. Er soll nicht mehr Natur, Gesellschaft oder die Frau verändern, sondern sich selbst. Er soll ablassen von der herumfuhrwerkenden Unseligmachung der Welt,

ablassen, die Frau bei ihrer Emanzipation dauernd zu behindern oder väterlich zu betreuen. Die Kulturleistung des Mannes für die nächsten hundert Jahre wird sein, sich von sich selbst zu befreien, etwas anderes steht nicht an."[41]

Diese Ausgangssituation bewirkt die großen Ambivalenzen der Männer im Verhältnis zu sich selbst: Die Trennung der Teile, die mann loswerden will, von den, was mann lernen will und wie mann werden will, ist gar nicht immer möglich. Schmidbauer glaubt z.B.: "Die wenigen Gefühle, die ein europäisch sozialisierter Mann noch zulassen kann, sind eben gerade an sein Männlichkeitsideal gebunden. Versucht er sich perfekt zu emanzipieren, wie er gewohnt ist alles perfekt zu machen, dann wird er diesen chauvinistischen Rest an Emotionalität womöglich auch noch los."[42]

Da sieht's ja schlecht aus. Wenn mann - wie Schmidbauer - alle Gefühle der Männer für chauvinistisch hält, dann gibt es da nichts mehr zu trennen. Ich würde sagen, je mehr ein Mann die Rolle verinnerlicht hat - oder besser: verkörpert[43], um so weniger bleibt übrig für andere Identifikationen als die des Stark-Sein-Müssens, Leistung bringen, Erfolg haben, Kontrolle behalten, überlegen sein, keine Hilfe brauchen etc.

Das Erste, wovon Männer sich trennen müssen, ist also ihr Denken von sich selbst, dass sie nichts anderes sein können als das, was immer von ihnen erwartet wurde und 'plötzlich' auf den Scheiterhaufen der Emanzipation soll.

Männer und ihr Körper

Männer verkörpern ihre Rolle im Wortsinne. Am Männerkörper ist sie ablesbar. So, wie Männer mit ihrem Körper umgehen, gehen sie mit sich um, und es ist wenig Hoffnung, dass mit anderen anders umgehen:

"Für Männer ist ihr Körper das Ding, auf dem der Kopf sitzt und ein Instrument, stark zu sein."[44] Und er ist überhaupt ein Instrument, das mann entweder unbewegt in den Bürostuhl oder Fernsehsessel plumpem lässt oder aber – ‚körperbewusst' – in die Sportarena oder das Bodybuildingcenter schleppt und es trainiert, damit es gut funktioniert und etwas leistet.

Und sogar der Schwanz ist ein Instrument, um Lust zu erzeugen. Diese Lust besteht aber wohl mehr in der Bestätigung seiner Funktionsfähigkeit: Solange er ‚steht' und zur rechten Zeit ‚abspritzt', ist alles o.k.

Dass Orgasmus nicht gleich Orgasmus ist und nicht jeder Samenabgang ein Orgasmus, dass viele Männer vielleicht überhaupt noch nie einen Orgasmus erlebt haben, ist erst in letzter Zeit in mancher Männer Bewusstsein getreten. Und schon wird das Thema verwissenschaftlicht, es gibt sogar schon Erektogramme, die die Erektion messen ... [45]

Das instrumentelle Verhältnis der Männer zum Körper zeigt sich auch an der Kleidung: "Man kann die Kleidung als eine in manifest gewordene Sprache des Körpers auffassen; in der bloß instrumentellen Beziehung zur Kleidung findet daher die Verleugnung des Körpers noch einmal statt."[46]

Der Körper der Männer ist – wesentlich mehr als der von Frauen - gepanzert, die Panzerung drückt sich in chronischen Muskelspannungen aus, die den Energiefluss im Körper stoppen und die Gefühle nicht zulassen.

Männer und Gefühle

So druckt sich in Männer-Körper auch das Verhältnis zu seinen Gefühlen aus: Das mangelnde Körper- Bewusstsein, die Unfähigkeit, Signale des Körpers zu empfinden und zu deuten, wie z.B. den Zusammenhang von Bauchschmerzen und Angst, von Nackenschmerzen und Hartnäckigkeit, von Kopfschmerzen und Kopflastigkeit, ist identisch mit der Verdrängung der Gefühle, die im Körper festgehalten werden.

Theweleit hat eindrucksvoll analysiert, wie eng faschistisches Bewusstsein mit dem von außen angedrillten und angeprügelten Körperpanzer von soldatischen Männern zusammenhängt, deren Identität nur noch dieser Panzer ist und die daher alles Weiche, gefühlvolle als Bedrohung ihrer Existenz erleben, nach außen projizieren und dort zu vernichten suchen: der Extremfall des Normalmanns.[47]

Wenn Männer überhaupt Emotionalität zeigen, dann oft entweder lautes Prahlen und Zoten reißen am Stammtisch oder Aggressionen, dahinter sind viele verschiedene Gefühle, Trauer, Wut, Freude, Enttäuschung, Schmerz, Angst und Lust aufgestaut. Diese Gefühle entfalten bei ihrem Ausbruch dann eine Gewalt, die sie alle zur Aggression werden lässt. So berichtet z.B. Jokisch, wie seine Hilflosigkeit gegenüber seinem 'Bengel' in Aggression umschlägt und er das Kind schlägt, durch sein Bewusstsein dieses Zusammenhangs ist Jokisch schon viel weiter als der Gewalt ausübende 'Normalmann'.[48]

Gefühle, die lange nicht ausgeruckt werden, werden schließlich nicht mehr empfunden. Wenn Männer differenzierte Gefühle überhaupt noch empfinden, fühlen sie sich oft gespalten in einen weichen Gefühlsteil (das Innere) und einen harten Teil (Kopf und Muskelpanzer), wovon der erste Teil als weiblich, der letztere als männlich identifiziert wird. "Nicht nur die weiblichen, sondern auch die männlichen Kinder identifizieren sich mit der Frau. las Gefühl und die Sexualität werden von Jungen als weiblich erfahren, das heißt von Frauen an Frauen erlebt."[49] Die innere Spaltung repräsentiert die gesellschaftliche Spaltung von Männern und Frauen. Der Verlust an Gefühlen wird dann auch als "Halb-Sein" erlebt: "... die Absurdität nämlich, dass ein vollständiger Mensch, wenn er allein bleibt, doch nur ein 'Halber' sein soll."[50] (den anderen Teil übernimmt traditionellerweise die Frau, Männer und Frauen ergänzen sich vorzüglich als zwei Mängelwesen!)

Männerverhalten

Das aufgezeigte Verhältnis von Männern zu sich selbst, die Identifikation mit dem Stark-Sein, das Instrumentieren des Körpers und die Unterdrückung der Gefühle, die durch Ventile - oft gewaltsam - abgelassen werden, findet seinen Niederschlag im Verhalten der Männer. An dem unterschiedlichen Verhalten lässt sich die unterschiedliche Intensität ablesen, mit der die Strukturen wirken. Ich vermute aber, dass diese Grundmuster heute bei allen Männern vorhanden sind.

Andy Bernhardt belegt an verschiedenen Beispielen, wie das Freizeitverhalten von Männern Ausdruck von Realitätsflucht ist.[51] Die "Berieselung mit Stärkeillusionen" im Fernsehen, die Identifikation mit den Siegern bei Sport- und Fußballveranstaltungen, die dort erlebte Scheinsolidarität mit den Fans derselben Mannschaft, das mit "Bierernst" und Leistungsdruck gepflegte Steckenpferd, Prahlerei und Alkohol am Stammtisch und der durch

Leistungsdruck pervertierte aktive Sport sind Ausdruck misslungener Versuche, dem Phantom des Starken Mannes nachzukommen und damit Ausdruck des Verhältnisses der Männer zu sich selbst. Bernhardt interpretiert dieses Verhalten auch als "Vermeidungsstrategie", Beziehungen auf der Ebene des Gefühlsaustausches aufzunehmen.[52]

2) Männer und ihre Beziehungen

Am direktesten wirkt sich das Verhältnis der Männer zu sich selbst auf die zwischenmenschlichen Beziehungen aus, die Männer haben - oder nicht haben. Merkmal dieser Beziehungen ist oft die Beziehungslosigkeit, Abwesenheit von wirklichem echtem Kontakt. Um wirklichen, tiefen Kontakt zu bekommen, müssen Männer ihren Panzer öffnen, müssen sie Gefühle fließen lassen können, damit sie andere Menschen erreichen. Damit haben Männer die meisten Schwierigkeiten.

Männer und Frauen
In Beziehungen zu Frauen machen Männer ihr Defizit an Gefühlen erträglich.[53] Wie in einer ständigen Transfusion, lässt er sich von der Frau emotional ernähren, saugt er sie aus. Nur so kann er weiter funktionieren. Erwartet die Frau von ihm Gefühle, macht er dicht. Je emotionaler ihm die Frau entgegentritt, desto mehr Angst bekommt er, und zwar vor der Gewalt eines Ausbruchs der eigenen unterdrückten Gefühle.
Im Gleichgewicht bleiten solche Beziehungen nur so lange, wie Frauen sich mit der Gefühlsarmut des Mannes abfinden (evtl. um ihre eigene Stärke nicht zulassen zu müssen). Beliebt ist z.B. das Nussknackerspiel, mit dem Frauen dem Mann eine Gefühlsreaktion entlocken wollen, wobei der Mann oft nur noch cooler wird. Die Deformierungen der Psyche von Mann und Frau klinken aufeinander ein wie ein Schnappschloss. Beide sind gefangen. Von der emotionalen Ernährung sind Männer so lange abhängig, wie sie selbst diese Gefühle nicht haben können. (Manche Männer schaffen es inzwischen auch schon, zur rechten Zeit ein Tränchen abzudrücken, um so die angezweifelte Existenz von Gefühlen zu beweisen.) Deswegen macht die

Verweigerung von Frauen Männern höllische Angst. Damit Sexualität überhaupt noch erträglich ist und nicht nur Angst macht, spalten Männer sie von den Gefühlen ab. Diese Spaltung spiegelt sich im Frauenbild von der Heiligen Madonna und der Hure, prosaischer von den 'warmherzigen Frauen', von denen mann sexuell nichts will, und den 'geilen Votzen", von denen mann nur 'das Eine' will.

Theweleit beschreibt, wie sich beide Frauenbilder von der Mutter herleiten;[54] im einen wird der Mutter die Sinnlichkeit genommen, sie wird zur asexuellen Madonna, im anderen wird sie zur sexhungrigen, von niederen Gefühlen verdorbenen Hure, der 'höhere Gefühle' abgesprochen werden: "die macht's ja mit jedem." Emotionale Sinnlichkeit scheint das zu sein, was Männer am meisten wünschen, was sie aber in ihrer Existenz bedroht und was sie deshalb abwehren müssen. Diese Bedrohung wurzelt in der frühen Kindheit des Jungen.

Männer und Mütter
Die Hutter ist der Prototyp der Frau für den Mann, wie die Bedrohung für den Mann zustande kam, darüber gibt es verschiedene Theorien.[55] Am meisten beeindruckt mich die Theorie, dass der kleine Junge die Phase der Symbiose und Uridentifikation mit der Mutter mangels anderer Identifikationsmöglichkeiten nie überwunden hat. Dieser Uridentifikation wurde aber die Forderung nach 'Männlichkeit' (ein Junge heult nicht etc.) aufgesetzt. Das hieße, dass Männer in ihrem innersten Kern Gefühle verschließen, die sie nicht mehr zeigen durften und zu deren Abwehr sie ihren Panzer, ihre Stärke, oder besser: Härte, aufgebaut haben. ' Männlichkeit' wäre gewissermaßen zur zweiten Natur des Mannes geworden, die bei jedem Kontakt mit sinnlicher Emotionalität, die die Mutter-Kind Symbiose hoch ruft, bedroht ist. Daraus ließe sich auch die Diskrepanz zwischen gesellschaftlichem Männerbild und der emotionalen Unselbstständigkeit- und Hilflosigkeit ran Männern erklären. Die meisten Frauen kennen letztere sehr wohl, sie bleibt aber 'privat'.

Männer sind emotionale Babys ('das Kind im Manne'), denen Männlichkeit als Herrschaftsgebaren antrainiert wurde bei gleichzeitiger Unterdrückung der frühen Mutterbindung. Auf der einen Ebene wollen Männer wieder Babys sein. Das können sie aber höchstens bei einer umsorgenden Frau, die sie - im Wortsinne - aussaugen, oder evtl. auch in der Therapie. Ansonsten müssen sie ihre Verletzlichkeit verbergen und Stärke vortäuschen, müssen sie auch Sex und Gefühl trennen, um leben zu können.

Ohne Emanzipation von der Mutter, und das heißt vor allem die Entwicklung selbständiger Emotionalität, ist ein anderes Frauenbild und damit eine andere Beziehung zur Frau kaum vorstellbar. Erst die Verweigerung von Frauen, diese Mama-Funktion auszuüben, macht Männern ihre Hilflosigkeit spürbar und treibt Männer in Krisen, die vielleicht zumindest die Chance einer Neuorientierung bieten.

Die Abhängigkeit des Unterdrückers vom Unterdrückten, die ich oben versucht habe zu erläutern, nimmt jetzt also die Gestalt des hilflosen Riesenbabys an, das die Frau/Mutter festhält und aussaugt. Klar, die Mütter haben hier auch ihre Funktion gehabt in der Kette der Weitergabe von Männerherrschaft, aber sicher nicht in ihrem Interesse als Frauen.

Mann und Mann

Die Beziehungen unter Männern sind wie die zu Frauen funktionale Beziehungen, sie sind aber völlig anders strukturiert. Männer sind im allgemeinen Konkurrenten, die sich - bestenfalls - gegen wiederum andere Männer oder gegen Frauen verbünden, die sich emotional aber nicht nahe kommen. Männer definieren sich untereinander über Leistung, sie arbeiten zusammen oder treiben Sport oder gehen einen heben. Ob offensichtlich oder unterschwellig, fast immer geht es darum, wer der Bessere, Schnellere oder Trinkfestere ist. Mann erzählt sich, was mann wieder ‚gebracht' hat, klopft sich lobend auf die Schulter oder – im Extrem – ablehnend in die Fresse.

Weil Männer sich nicht lieben dürfen, konkurrieren sie miteinander,[56] und zwar auch um die, von denen sie sich lieben lassen wollen, um Frauen. Was unter Männern genauer abläuft, werde ich später noch im Zusammenhang mit Männergruppen aufzeigen; dort wiederholt sich Männerverhalten zunächst.

Männer und Kinder

In letzter Zeit melden sich auch ‚neue Väter' zu Wort, die die traditionelle Beziehungslosigkeit von Männern und Kindern überwinden wollen.[57] Männer haben mit Kindern höchstens als Vater etwas zu tun und beschränken sich dort im Wesentlichen auf ihre Rolle als Autoritätsfigur. Darin spiegelt sich auch das Verhältnis der Männer zu ihrer eigenen Kindheit; sie müssen sie abwehren. Da ich erst seit einigen Monaten mit Kindern zusammenwohne und mich damit noch nicht allzu sehr auseinandergesetzt habe, möchte ich hier auf den theoretischen Diskurs verzichten.

Die Möglichkeit der Männeremanzipation durch Vaterschaft oder intensive Beziehungen zu Kindern, von denen mann sicher viel lernen kann, sei aber zumindest erwähnt.

5) Männer 'in Gesellschaft'

In gemischtgeschlechtlichen Gruppen verhalten sich Männer oft so, dass z.B. Frauen immer wieder die Konsequenz ziehen, sich alleine zu treffen. Männer konkurrieren miteinander um die Trophäe des Besten, Intelligentesten, Radikalsten oder sogar Emotionalsten, des Emanzipiertesten. (Wie der/die aufmerksame Leser/in bereits gemerkt hat, bin ich das).

Um attraktive Frauen werben sie, zeigen sich von der – vermeintlich – besten Seite, andere Frauen interessieren nicht und werden weitgehend ignoriert. Besonders krass ist dieses Verhalten in sogenannten Politgruppen, in denen Männer sich gegenseitig an Mackerhaftigkeit überbieten. Wenn persönliche Dinge angesprochen werden, verstummen oft die vorher lautesten. Das Männerverhalten in Gruppen basiert auf der Struktur des aufgezeigten Verhältnisses der Männer zu sich, anderen Männern und Frauen. Theweleit hat bei den soldatischen Männern drei "Wahrnehmungsidentitäten" herausgearbeitet, die gerade auch in Gruppen - in zivilen Formen - immer wieder auftauchen,[58] das Wegdiskutieren und Ignorieren störender Umstände der Realität, auch von Personen; das alles in einen Topf werfen (z.B. von den Frauen zu reden als alles gleiche, wenn es um ganz bestimmte geht), das in Grund und Boden "kritisieren"; dann das Rotieren, Arbeiten bis zum Umfallen, Konkurrieren, "...der Angriff auf den Ähnlichen. Mit zuverlässiger

Genauigkeit die eigenen Fehler beim anderen entdecken und sie dort vernichtend treffen."[58] Diese Arten der Wahrnehmung dienen dem Erhalt der Identität und sind somit Bastionen der 'Männlichkeit' als Herrschaftsgebaren von denen abzurücken schwer sein könnte.

Ich habe in diesem Abschnitt die 'Bestandsaufnahme ' dessen, wovon die Emanzipation auszugehen hat, z.T. überzeichnet, um Strukturen sichtbar zu machen, und gerade bei den 'veränderungswilligen' Männern wird diese Skizze in der Schärfe nicht mehr zutreffen. Zumindest Reste davon sind aber noch vorhanden und blockieren die Emanzipation, solange sie nicht als eigene Anteile wahrgenommen werden. Wer sich also überhaupt nicht wiedererkannt hat, kann getrost davon ausgehen, dass er an sich noch einiges kennenlernen kann...

Marc F. Fasteau hat das, wovon Männer sich emanzipieren müssen, besonders schön beschrieben, weswegen ich ihn hier zitieren will, um dem letzten Leser (Leserinnen haben ihn wohl schon) den Horror nahezubringen, "Die Männlichkeits-Maschine":
"Männer, die wie Maschinen funktionieren, sind ganz besondere Lebewesen, deutlich abgehoben von Frauen, Kindern und all jenen Männern, die es 'einfach nicht bringen'. Sie sind von Kopf bis Fuß Funktion - konstruiert, um Arbeiten auszuführen. Sie gehen neue Aufgaben systematisch an, räumen Hindernisse aus dem Weg, stellen sich entschlossen jedem Problem, setzen sich über Schwierigkeiten hinweg und befinden sich immer in der Offensive. Was auch immer für Aufgaben sich stellen, sie sehen sie in einem Wettbewerbs-Zusammenhang. Belohnung und Antrieb für sie sind der Sieg. Diese Männer haben Rüstungen an, die praktisch undurchdringbar sind. In ihrem Schaltsystem tauchen keine Fehler durch irrelevante persönliche Signale auf. Sie übertreffen und dominieren ihre Mitmenschen, ohne dabei viel Lärm und Geschrei machen zu müssen. Ihr Verhältnis zu den anderen Männlichkeits-Maschinen wird von Respekt, nicht von Vertraulichkeit geprägt. Ihren inneren Schaltkreis mit dem von anderen Menschen zu verbinden, macht ihnen Schwierigkeiten; was sich in ihrem Innern abspielt ist

ihnen im Grunde genommen ein Rätsel; am Laufen gehalten wird das innere System hauptsächlich durch Personen des anderen Geschlechts."[59]

In der Arbeit und in politischen Zusammenhängen sind Männer mit Unterdrückung konfrontiert, bei der die meisten primär Unterdrückte sind, z.B. als Lohnabhängige im Kapitalismus. Hier reicht Selbstveränderung nicht sehr weit, um sich zu emanzipieren,

Die bislang erprobten Widerstandsformen sind jedoch auch von Männer-Herrschaftsverhalten und -Gewalt geprägt: Heiligt der revolutionäre Zweck die patriarchalischen Mittel? Diesen Aspekt möchte ich im Anschluss an die Frage des 'Wohin' der Emanzipation diskutieren, um dann Ziele und Aktionsformen evtl. ins Verhältnis setzen zu können.

14. Wohin wollen Männer sich emanzipieren? Was wünschen Männer, was erträumen sie, welche Utopien haben sie?

1) Wunschkanalisation

„Nicht, dass der ‚vom Tellerwäscher zum Konzernherrn' Slogan gar nicht stimme, Ideologie sei, ist der Jammer, sondern vielmehr, dass der Wunsch dazu gebracht wurde, nichts mehr anderes zu wünschen, als vom Tellerwäscher zum Konzernherrn aufsteigen zu wollen."[60]

Theweleit begreift die "Wunschproduktion des Unbewussten"[61] als eine der entscheidenden Produktivkräfte des Menschen; sie wird in verschiedenen Herrschaftsverhältnissen deformiert, blockiert und kanalisiert. Was manche Männer heute wünschen, beschränkt sich oft auf „Fressen, Saufen, Frauen" oder auf Karriere und ihre Attribute, Statussymbole, bei Aufsteiger-Männern.

2) Wunschterritorium Frau

Theweleit beschreibt auch sehr einleuchtend, wie Frauen - in verschiedenen Formen - zum Wunschterritorium[62] der Männer werden; d.h. Männer beziehen alle Wünsche, Träume, Utopien, die die bestehende Realität transzendieren, auf Frauen; sie idealisieren Frauen. Das reale Mann-Frau Verhältnis hält dann aber nie, was der Wunsch verspricht, es wird zum "Mangel als Grunderfahrung"[63] Die Unterdrückung der Frau nimmt so die Gestalt an, "...als ein Absorptionsfaktor der Produktivkraft der Männer der jeweils beherrschten Klassen zugunsten der Herrschenden zu dienen."[64] [3] Männer

---

[3] Zu wessen wohlverstandenem Nutzen die Herrschaftsverhältnisse heute dienen, nachdem die Zeiten des ausschweifenden, genussvollen Lebens für die höchsten Repräsentanten der Macht vorbei sind, ein Bundeskanzler nur noch mit Herzschrittmacher überlebt, wäre bedenkenswert. Die paar Schmarotzer in den Nischen der Macht und des Geldes halten das System sicher. nicht am Laufen, und auch die werden bald auf den Waldspaziergang verzichten müssen.

wünschen sich die Traumfrau, damit sie nicht von herrschaftsfreien Verhältnissen träumen und daraus Kraft zum Widerstand ziehen. "So banal es vielleicht klingen mag, der radikale Verzicht ... auf jede Verehrung von Frauenbildern der Ferne und Höhe, wäre demnach ein wesentlicher Schritt zur Emanzipation des Mannes - jedenfalls solange diese Frauen nicht von ihren Opferpodesten herabsteigen."[65]

Ein weiterer wichtiger Aspekt der Wunschkanalisation ist der Konsum, der (fast) alle Wünsche auf sich zieht, an sich bindet und dem Markt zuführt. Trotz alledem gibt es Männer, die Träume, Utopien und Wünsche haben und daraus Kraft zur Veränderung ziehen.

5) Wünsche nach Gefühlen und Körper(n)

Das Leiden an Gefühlsarmut, am mangelnden Körperbewusstsein, an der Unfähigkeit zu Empfang und Hingabe, ist eng verknüpft mit dem Wunsch nach freier Entfaltung und Ausdrucksmöglichkeit aller Gefühle, mit dem Wunsch nach intensivem Körpergefühl: "Um unsere Gefühle wiederzuerlangen - und es ist ein Prozess der Rückgewinnung - müssen wir anfangen, unsere Körper wiederzufinden. Wir müssen aufhören, unsere ganze Kraft und Bestimmung verbalen Botschaften zu widmen, die uns in rationale Gefängniszellen einsperren.[66]

4) Wünsche nach 'freier' Sexualität

Die Wünsche nach dem Fluss von Gefühlen und Körperströmen finden Ihren Ausdruck in Träumen von einer freien Sexualität. Die Idee des "Koitus reservatus"[67] von Bruckner/ Finkielkraut scheint mir dabei nur ein methodischer Anfang zu sein, von dessen befreiender Wirkung ich noch nicht so überzeugt bin (vielleicht bin ich noch zu Orgasmus-fixiert): "...eine erste Stufe zur Feminisierung des Mannes...": "Er (der Schwanz) wird zu einer zweigeschlechtlichen Instanz. Seinen Samen zurückhalten bedeutet in gewisser Weise den Versuch, aus seinem Penis eine Art Vagina zu machen - eine Vagina nicht in dem Sinne, dass er seinerseits penetrabel würde, sondern. dass das Glied in den Moment, da es nicht mehr Übertragungskanal ist, porös wird, vollkommen disponibel - und dies nicht nur für die

Energieströme, die in alle Winkel des weiblichen Körpers entsandt werden, sondern auch für die verschiedenen sensorischen Emissionen, die für den eigenen Organismus bestimmt sind, „Die sexuelle Schwäche des Mannes besteht im Grunde darin, dass er seine Lust nur austreiben kann (im doppelten Sinne: dass er sie veräußert und dass er sie davonjagt)."[68] Alles klar?

Eine weitere Möglichkeit für Männer, Empfänglichkeit zu erleben, ist die Anal-Lust, von der Pilgrim begeistert ist: "das Arschloch ist das Verbindungsorgan zwischen den Geschlechtern. Las Arschloch hat jeder Mensch. Durch seinen Raub aus unserem Bewusstsein und aus unserer Lustpraxis ist uns eine Dualität zwischen Penis und Vagina aufgezwungen worden. Die Dualität ist böse. Sie ist eine Hilfskonstruktion des Patriarchats ..." und " ... aber selbst in den Arsch gefickt zu werden, das ist endgültig nicht mehr männlich."[69]

Neuerdings - eine besonders ironische Wendung nach der Diskussion um den 'Mythos vom vaginalen Orgasmus' - ist sogar vom zweiten, sexuellen Zentrum des Mannes die Rede und vom 'Prostata-Orgasmus'.[70] (Ohne bezweifeln zu wollen, dass Männer 'sowas' erlebt haben, habe ich den Verdacht, dass sich in solche Wünsche nach befreiter Sexualität die unverdaute Kränkung mischt: So, wenn ihr keinen vaginalen Orgasmus kriegt, dann kriegen wir aber einen Prostata-Orgasmus!)

Die Träume von befreiter Sexualität reichen noch weiter, bis zur Idee der 'polymorphen', 'panerotischen' Sexualität als "...einzige Stufe, auf der keine Unterdrückung stattfände"[71]: polymorphe Sexualität als positive, erwachsene Wendung der 'polymorphen Perversion' des Säuglings, der noch seinen ganzen Körper mit Lust besetzt. Nieder mit der genitalen Diktatur!

5) Wünsche nach Aufhebung der Geschlechtsunterschiede
Wie in der Sexualität so ist aber auch sonst die Aufhebung oder für die Entfaltung der Geschlechtsunterschiede Thema und Stoff der Träume und Wünsche. Bevor die herrschaftsbedingten Geschlechtsunterschiede abgebaut sind, halte ich es für wenig sinnvoll, über eine für die Entfaltung derselben zu spekulieren. Zu leicht ist mann der Gefahr erlegen, bestehende

Strukturen zu verteidigen. B. Nitzschke bedauert das Zuwenden von Männern und Frauen zu ihrem eigenen Geschlecht und sieht das schwarze Ende dieser Zuwendung in beider 'Autistik'. Und er bedauert auch die Tendenz zur Androgynie, der Zwiegeschlechtlichkeit von Mann und Frau als "Beseitigung des Unterschieds" und zieht die wilde Konsequenz, die Differenz sei offenbar hassenswert.[72] Ich kann seine Angst nicht teilen, zwei Menschen werden sich immer unterscheiden, auch wenn alle herrschaftsbedingten Unterschiede - oder besser: Schranken - fallen. Vier Seiten später offenbart Nitzschke sein Problem: „Jeder ist zunächst ein halber. Sonst hätte die Liebe gar kein Ziel."[73]

Ja, wenn die Liebe nur Folge einer Mangelerfahrung ist, halb zu sein, deren unterdrückende Funktion ich aufzuzeigen versucht habe, dann gäbe es keine Liebe mehr in der freien Gesellschaft. Jeder wäre sich selbst genug. Ich tendiere aber eher zu der Annahme, dass Nitzschke das enge Band der Liebe mit der vertrauten und auch engen Kette der Abhängigkeit verwechselt.

Eine Gefahr besteht aber auch darin, mit Androgynie als dem Ziel der Männeremanzipation bestehende Herrschaftsstrukturen zwischen Mann und Frau zu ignorieren: „Heute, wo sich einiges ein bisschen stärker, ein bisschen turbulenter von Seiten der Frauen ausspricht, soll wie durch Zufall der Geschlechtsunterschied aufgehoben werden: man kann sich keine bessere Vereinnahmung denken: Denn hätten die Frauen nicht ein bisschen Krach geschlagen, hätte man die Aufrechterhaltung des Unterschiedes propagiert, nun haben sie aber ein bisschen Kracht geschlagen, und soll er fallen." Und „Wir müssen einen Geschlechtsunterschied verstärken, den wir überhaupt erst in seinem ganzen Ausmaß entdecken müssen; wir müssen uns außerdem, um ihn überhaupt entdecken zu können, einen Raum schaffen, in dem die weibliche Imagination entstehen kann."[74]

Diese Position von Luce Irigaray verstehe ich als berechtigte Entgegnung auf die oben benannte Gefahr. Und es gibt bereits Männer, die sich nicht mehr als Männer, sondern als 'Menschen männlichen Geschlechts' bezeichnen und sich so von den Herrschaftsstrukturen abzugrenzen suchen. Die Notwendigkeit, sich aber erst mal als Mann und Träger von Unterdrückung zu begreifen, habe ich oben beschrieben. Trotzdem finde ich es positiv, von der Abwesenheit sozialer Geschlechtsunterschiede zu träumen und mit der Integration der verbotenen, weil sogenannt gegengeschlechtlichen Eigenschaften zu beginnen. D.h. für Männer passiv sein, sich hingeben, Kontrolle aufgeben und Gefühle zulassen können.

Wenn Männer auch Stillen lernen könnten, wäre das toll, ich bin da hormonwissenschaftlich nicht so auf dem laufenden, was da möglich ist, Gebärneid habe ich auch, aber das muss ich mir wohl abschminken.

6) Wunsch nach Aufhebung der Zwangsheterosexualität

Mit dem Abbau von Geschlechtsunterschieden fällt die Zwangsheterosexualität. Bislang heterosexuelle Männer entdecken ihre schwulen Bedürfnisse. Die meisten Männer in Männergruppen können sich allerdings sexuelle Beziehungen zu Männern nicht vorstellen oder 'spüren kein Verlangen danach', Schwule Bedürfnisse scheinen mir aber eine sehr wichtige Triebfeder zur vollständigen Emanzipation zu sein, da deren Ausleben mit den Unterdrückungsverhältnissen wesentlich mehr in Konflikt gerät als bspw. mehr Gefühlsreichtum eines heterosexuell lebenden Mannes.

Und ausgehend von Ch. Wolffs Konzept von Bisexualität als Wurzel der menschlichen Sexualität[75] glaube ich, dass das Entdecken schwuler Bedürfnisse für Männer zentraler Bestandteil ihrer persönlichen Emanzipation ist. Da diese Bedürfnisse aber nicht durch Ansprüche oder Forderungen wach werden, sondern dann eher durch noch mehr Angst blockiert werden, bringt es nichts, Schwulsein als ein unbedingtes 'Muss' der Emanzipation zu begreifen. Es gibt auch andere Ansatzpunkte der Veränderung.

Umgekehrt wird das Ausleben schwuler Sexualität von bislang heterosexuell lebenden Männern auch für Schwule zur Bedrohung ihrer gegen eine unterdrückende Umwelt errungene schwule Identität, denn wenn 'Heteros' plötzlich Männer lieben und mit ihnen vögeln, warum können Schwule das dann nicht mit Frauen? lautet die Bedrohung. Ein solcher Druck ist aber nichts anderes als eine Neuauflage des Männer-Potenzwahns: 'Ich kann alles und mit jedem!' Die Befreiung liegt nicht in der Zwangshomo- oder Zwangsbisexualität!

Zwischenergebnis zur Struktur des männlichen Emanzipationsprozesses

Männer wollen sich um so mehr und um so vollständiger emanzipieren, je 'emanzipierter' sie schon sind, d.h. je mehr Selbstwahrnehmung sie haben, je mehr sie an den Herrschaftsstrukturen - auch am eigenen Leibe - leiden und je mehr Wünsche nach herrschaftsfreien Verhältnissen sie zulassen können, desto mehr sind sie durch sich selbst motiviert, sich selbst und auch die unterdrückenden gesellschaftlichen Strukturen zu verändern. Männeremanzipation ist ein sich aufschaukelnder Prozess, da die Voraussetzungen gleichzeitig auch ihr Ziel sind und umgekehrt. (Bei Frauen scheint das grundsätzlich anders zu sein, da gerade auch sehr unterdrückte ‚unemanzipierte' Frauen eine hohe Motivation zur Emanzipation haben können. Bei Frauen muss sich die Motivation und damit der Prozess der Emanzipation nicht erst aufschaukeln.)

Männeremanzipation ist zu einem Teil identisch mit Motivation zur Männeremanzipation, das ist das banal klingende und doch folgenreiche Zwischenergebnis. Auf eine explosionsartig ausbrechende Männerbewegung zu warten, dürfte aussichtslos sein.

Ob ein solcher aufschaukelnder Prozess der Emanzipation durch eine Männergruppe in Gang gebracht werden kann oder ob er eher lebensgeschichtlich weitgehend vorgestimmt ist - bspw. durch die Tiefe der homosexuellen Wünsche oder der Verdrängung der Gefühle - wird noch zu untersuchen sein.

Zunächst möchte ich noch auf das Verhältnis von persönlicher und gesellschaftlicher Veränderung bei der Männeremanzipation eingehen.

15. Der Zusammenhang von persönlicher Männeremanzipation und politischer Veränderung

Ein wesentlicher Schritt der Männeremanzipation ist die Selbstveränderung der Männer. Im Sinne einer 'vollständigen Emanzipation' muss aber auch die gesellschaftliche Dimension und Perspektive mit einbezogen werden. 'Mann o Mann' Shirley spricht von dem Mut, "...den Revolutionsgedanken hinter den Emanzipationsgedanken zu stellen"[76]
Die gegenwärtigen, politisch aktiven Gruppen sind so sehr von sexistischen und männerbeherrschten Strukturen geprägt - der 'Sexismus-Skandal' bei den 'Grünen' war da nur die Spitze eines Eisberges, weil da ein Mann so dumm war, zu offensichtlich seine Einstellung zu Frauen mit dem Griff an deren Brüste zu demonstrieren -, dass der Versuch einer Selbstveränderung den Rückzug aus solchen Gruppen zumindest teilweise braucht: "Wie soll sich die gesellschaftliche Umwälzung vollziehen können, wenn nicht aus meiner, deiner persönlichen Umwälzung heraus? Wie könnte ich für das Neue wirken, völlig in das Alte verstrickt?"[77]

Während es ein Ziel von Männeremanzipation ist, das eigene Unterdrücker-Sein wahrzunehmen und abzubauen, operieren Politgruppen intern und nach außen mit Macht. Das Gegenteil von Macht sei nicht Ohnmacht, behauptet Gerd Riese. "Ich will keine Angst haben, will keine 'Sensibilität', die mich nur noch wehrlos macht. Ich will Wut zeigen, eine Wut, die sich den Stolz, die Härte, die 'MÄNNLICHE'(!) (das hebt Gerd so hervor! Anm. des Autors) Stärke gegenüber denen bewahrt, die uns alle einmachen wollen."[78]
Auch Vinnai befürchtet eine 'Feminisierung' des Sozialcharakters"[79], die kapitalistische Unterdrückung noch leichter mache: "Das 'weiche weibliche' taugt trefflich zum menschlichen Kitt für unmenschliche Verhältnisse, solange es sich nicht mit der 'männlichen Härte' verbindet, die der Kampf gegen die Unterdrückung verlangt." [79] Vinnai übersieht, dass das Rollenverhalten von Frauen bislang gerade zum "trefflichen Kitt" für die "männliche Härte" getaugt hat, die nichts anderes ist als Herrschaftsgebaren. Der Spruch "Wer ein Mann sein will, der kann sich so etwas nicht gefallen lassen"[80],

den Vinnai als positive Kampfesparole gegen die Unterdrückung proklamiert, beinhaltet zum einen überhaupt noch nicht, wer sich was nicht gefallen lässt - z.B. auch der Lehnsherr den Aufstand der Bauern oder der Mann die 'sexuelle Untreue' der Frau - und beinhaltet zum zweiten, dass Frauen sich so etwas gefallen lassen können. Benard/Schlaffer dazu: "Ein Satz, der nicht nur in seinen enthaltenen Unterstellungen extrem frauenfeindlich und bigott ist ... sondern manifest unwahr; maßgeblich beteiligt an den gefährlichsten Konfrontationen jeder bisherigen Revolution, sei es die französische, die russische, die antikoloniale, waren stets die Frauen, die nicht an eine biologische Clubmitgliedschaft erinnert werden mussten, um Unterdrückung und Ungerechtigkeit unter Einsatz ihres Lebens zu bekämpfen: Das Unrecht."[81]

Vinnai kann sich Widerstand nicht anders vorstellen denn als 'männliche Härte' und wird so unversehens zum Verfechter der alten Männlichkeitsideologie. Und diese seine mangelnde Vorstellungskraft zeugt sein Verhaftet-Sein an das "Elend der Männlichkeit" 80 genauso wie seine hochgeschraubte Schreibweise; und nicht zufällig sagt er auch nichts über sich, auch nicht auf einem Vortrag in Zürich, aber den sich Stephan in "de maa" maßlos ärgerte ... [82]

Wesentlich mehr erwarte ich mir von der Idee, die die Frauenbewegung aufgebracht hat: Privates und Politik zu verbinden. Auch Rödner betont: "Es geht ... darum, die Trennung der bislang stets isoliert erlebten Bereiche persönliche Emanzipation - politische Praxis zu überwinden."[83]

Das bedeutet, neue, herrschaftsfreie und befriedigende Umgangs- oder besser: Miteinandergangs-formen in politische Aktionen und Gruppen einzubringen; das bedeutet, Lust und Spaß dort zu entfalten, wo dem System ein 'rechtsfreier Kaum' abgerungen werden kann, und die Kraft, die aus solchem 'privaten' Leben entsteht, nach außen zu tragen, zu veröffentlichen und der Männermacht entgegenzusetzen.

Aber auch die Schwächen der Männer sollten veröffentlicht werden, um das öffentliche Bild vom starken Mann als Illusion und Ideologie zu denunzieren. Das ist auch das Ziel Wiecks in seiner Vorlesungsreihe "Die Reaktionen des Mannes auf die sich befreiende Frau"[84], in der er es zum gegenwärtigen politischen und historischen Zeitpunkt für sinnvoll erklärte, dass Männer öffentlich über ihre Schwächen reden.

Andere öffentliche Aktionen von Männern 'in Bewegung' habe ich oben schon genannt.

Ob es nun sinnvoll ist, sämtliche Aktivitäten von Männern, die sich irgendwie verändern wollen, 'Männerbewegung' zu nennen, kann ich nicht so klar beantworten. Zum einen täuscht das eine Solidarität und Geschlossenheit vor, die kaum vorhanden ist. Zu viele verschieden motivierte Männer tummeln sich in der 'Männerszene'. Zum anderen bleibt m.E. die Frauenbewegung die entscheidende Kraft im Kampf gegen den Sexismus, und das soll mit dem Begriff 'Männerbewegung' nicht in Abrede gestellt werden. Trotzdem benutze ich den Begriff, um die genannten Aktivitäten zusammenzufassen. Dabei bin ich mir aber nicht sicher, ob alle diese Aktivitäten oder die beteiligten Männer mit Männeremanzipation im erläuterten Sinne etwas zu tun haben.

Im folgenden Teil der Arbeit möchte ich mich auf Männergruppen beschränken und untersuchen, ob und wie die beschriebenen Kriterien, Widerstände und Motivationen der Emanzipation in den Prozess der Männergruppe eingehen oder eingebracht werden können. (D.h. nicht, dass es nicht auch andere Formen der Männeremanzipation geben kann als gerade die, in eine Männergruppe zu gehen.)

Und es geht im Folgenden nur noch um den Teil der Emanzipation, der die Selbstveränderung und die Veränderung von Beziehungen zum Ziel hat und somit politisch nur indirekt wirksam sein kann. Den Teil direkter politischer Aktionsformen klammere ich also aus, ohne deren Bedeutung damit reduzieren zu wollen. Meine Fragestellung lautet: Was läuft in der Männergruppe real ab und was macht eine Männergruppe zu einem emanzipatorischen Prozess?

16. Die Männergruppe als emanzipatorischer Prozess

l) "Die Gruppe kann mehr als der einzelne."[85]

Männer können auch versuchen, sich in ihrem gewohnten sozialen Umfeld, in innen Beziehungen, auf der Arbeit, in der Wohngemeinschaft, zu verändern. Für eine Gruppe spricht aber, dass sie Entwicklungsprozesse aller Art beschleunigen kann. "Die Begabung der Gruppe ist höher als die des Einzelnen, weil die unterschiedlichen Fähigkeiten der Teilnehmer Zusammenwirken können, um das gemeinsame Ziel zu erreichen."[86] Moeller betont zudem, dass Menschen Gruppenwesen sind, was sie nach Jahrmillionen währender Evolution durch die "nahezu vaterlose Mutter-Einzelkind-Union" zu verlernen im Begriff sind.[87] Eine Gruppe kann durch die Herstellung eines "sozialen Vakuums"[88], d.h. losgelöst von den sonstigen Kontakten des Teilnehmers, wesentlich schneller als "Identitäts- und Beziehungswerkstatt"[89] fungieren und Menschen verändern. Verhalten wird plötzlich möglich, was Einzelne sich vielleicht sonst nie getraut hätten. Dieses Potential einer Gruppe besagt aber noch nichts über die Richtung, in die sie wirkt. Gruppen können ebenso manipulatorisch benutzt werden (z.B. bei Sekten) wie viel- leicht die Motivation zur Emanzipation freisetzen.

2) In der Tradition von Selbsthilfegruppen?

Bevor ich auf die Frage zusteure, wie Männergruppen wirken, möchte ich noch erwägen, ob sie in die Tradition der Selbsthilfegruppen gestellt werden können. Wenn eine Männergruppe z.B. ein "Fan-Club von Männern für die Frauenbewegung"[90] ist, könnte man sie eher Fremdhilfegruppe oder Wohltätigkeitsverein nennen. Moeller stellt Männer- wie Frauen- gruppen - in einen Pott geworfen als "Emanzipationsbewegung"[91] - in die Tradition der Selbsthilfegruppen als "bewusstseinserweiternde Selbsthilfegruppen".

Die Beschreibung Moellers von der Selbsthilfegruppe trifft allerdings auch auf Männergruppen im Wesentlichen zu: Sechs bis zwölf Personen treffen sich regelmäßig ohne Leiter und versuchen gemein- sam, persönliche Ziele

anzugehen. Auch die formalen Merkmale sind übertragbar: formale Gleich-
stellung aller Teilnehmer - Selbstbestimmung jenes Teilnehmers über sich -
selbstverantwortliche Entscheidungen der Gruppe - jeder geht um seiner
selbst willen in die Gruppe - Kostenlosigkeit.[92] Die Gruppenschweigepflicht
besteht m.E. in Männergruppen in der Regel nicht.

Von Selbsthilfemännergruppen zu sprechen, taugt m.E. nur etwas in Abgrenzung zu geleiteten Gruppen, auf die ich später zu sprechen komme. Ansonsten sind Männergruppen als Selbsthilfegruppen nicht zutreffend beschrieben, da Männer als solche nicht per se dasselbe oder ein ähnliches
Interesse haben wie andere soziale Gruppen, die Selbsthilfegruppen gründen: Frauen gegen ihre Unterdrückung, Schwule gegen ihre Diskriminierung, Alkoholiker gegen ihre Krankheit und deren soziale Folgen, Woh-
nungslose für preisgünstigen Wohnraum etc. So ist z.B. auch das
Erfolgskriterium, "die große Vermehrung und Weiterentwicklung von
Selbsthilfegruppen"[93] als Kriterium der Emanzipation nicht auf Männergruppen anwendbar. Schließlich gibt es ja auch viele Stammtische, Polizei-
einheiten, Bautrupps und die Bundeswehr, und die sind auch ‚Männergruppen'.

3) Auf dem Wege in die Männergruppe: Widerstände

Bevor ein Mann in eine Männergruppe geht, sind schon einige Veränderungen gelaufen. Gegen eine solche Gruppe bestehen nämlich bei den meisten
Männern jede Menge Vorbehalte und Widerstände, die erst aus dem Weg in
die Gruppe zu räumen sind. Moeller führt einige Widerstände von Betroffenen gegen Selbsthilfegruppen an, die auch auf Männer übertragbar sind:[94]
"Scheu vor der Gruppe" -und "Fremdenfurcht" treten bei Männern gehäuft
auf, wenn es um persönliche Dinge gehen soll. "Angst vor den eigenen Problemen" nimmt bei Männern oft noch die Gestalt der Ignoranz der Probleme
an. Die "Angst, sich zu verändern" ist nicht nur die Angst vor Neuem, Un-
bekanntem, sondern auch die, Privilegien aufgeben zu müssen und Schutz-
mauern zu verlieren. Die "Furcht vor schädigendem Ruf besteht vor allem
durch die weitverbreitete Assoziation von Männergruppe mit

Schwulengruppe. Die "Angst vor der Kränkung, es nicht allein zu schaffen" ist sogar eine besondere Männerangst, solange Männer sich ihre Hilfsbedürftigkeit nicht eingestehen können.

Nicht nur an diesem Beispiel zeigt sich, wie viele Widerstände gegen Selbsthilfegruppen allgemein mit geschlechtsspezifischen Strukturen zu tun haben. Moeller bemerkt dies zwar: "Wer dem Selbsthilfegruppen-Konzept zuneigt, kommt aus einem matriarchalisch - häuslichen Familientyp (introvertierte, passive, gutmütige Männer/ selbstbewusste, extrovertierte, kritische Frauen). Bei den Ablehnern überwiegt der patriarchalisch - strukturierte Familientyp (dominante, autoritäre, rationale Männer/ unsichere, nervöse, anlehnungsbedürftige Frauen)."[95] Unbegreiflicherweise - oder besser bezeichnenderweise zieht Moeller nicht einmal die naheliegendste Konsequenz, sein Thema nach geschlechtsspezifischen Gesichtspunkten zu untersuchen, obwohl er doch bemerkt, dass genau gegensätzliche Eigenschaften bei Männern bzw. bei Frauen für bzw. gegen Selbsthilfegruppen motivieren! (Ganz abgesehen mal von dem Schwachsinn, von einem 'matriarchalischen' Familientyp zu sprechen, wenn der Mann gutmütig und die Frau kritisch ist!) Moeller ist hier so blind, dass ich mich frage, wie er seine Zeilen zu Papier kriegen konnte. Aber diese Blindheit hat - wie wir bereits gesehen haben - bei Männern Methode und führt u.a. dazu, dass Männer äußerst ungern geschlechtsspezifische Untersuchungen anstellen. Warum wohl?

4) Gruppenfindung

Wenn Männer die Widerstände dann überwunden haben — vielleicht hat jefrau im Hintergrund auch nachgeholfen - beginnt die Schwierigkeit, eine Gruppe zu finden. G. Brzoska berichtet noch, dass die meisten Männergruppen durch Mundpropaganda und Zusammenschluss von Männern, die sich z.T. schon kennen, zustande kommen.[96] Meines Wissens entstehen aber in Berlin die meisten Gruppen über Anzeigen und Aushänge, wo sich dann fast keiner vorher kennt. In letzter Zeit besteht wieder ein Männerforum in Berlin, wo sich auch Männer zur Gruppe zusammenfinden können.

In der Regel treffen sich die Gruppen mit vier bis 17 Männern[97], im Schnitt ca. sieben Männer, einmal in der Woche und sprechen über persönliche Themen. Beliebtes Eingangsthema ist die Vorstellungsrunde und was will ich hier und was willst du hier. Dabei treten oft schon die ersten Differenzen zutage. Die einen wollen über ihren Beziehungsknatsch mit Frauen reden, die anderen über ihre Beziehungslosigkeit zu Männern und dritte vielleicht ganz locker 'mal was zusammen machen', was immer das heißen mag. Im besten Fall - und nur von solchen Gruppen will ich schreiben - besteht weitgehend Konsens, dass jeder sich zumindest ein Stück weit andern will und dazu die Gruppe braucht. Damit will ich keine Männerfreizeitgemeinschaften abwerten, sie sind jedoch nicht mein Thema.

5) Phasen des Gruppenprozesses[98]
Der weitere Verlauf der Gruppe lässt sich in Phasen einteilen, die die meisten Gruppen durchlaufen

a) Kennenlernen und Erstellen eines Konzeptes
In dieser Phase sind die Männer oft noch sehr ratlos, solange kein klares Ziel benannt werden kann. Pilgrim sieht darin die Zielfixierung von Männern, die überwunden werden sollte.

b) Von sich erzählen
Jeder erzählt zunächst von seinen aktuellen Problemen und wichtigen Ereignissen, dann auch von seiner Lebensgeschichte, wie es früher mit Mama und Papa war und von den ersten sexuellen Beziehungen usw. Schwierigkeiten in dieser Phase bestehen darin, dass Männer nicht von sich reden, wenn sie von sich reden. Sie sagen 'man' statt 'ich'. Und sie erteilen anderen Ratschläge, 'das solltest du lieber so machen', um sich andere Männer damit von Halse zu halten. Darüber brechen auch schnell Konflikte aus: "In dieser Phase Beginnen die Männer, ihre Geschlechtsrolle wahrzunehmen und gegenseitig anzugreifen."[99] Manchmal entsteht aber auch eine

oberflächliche Solidarität gegen Frauen oder gegen Eltern, die einem so etwas antun konnten, einen zum Mann zu machen.

c) Beschäftigung mit der Gruppe und den Beziehungen in der Gruppe
Die inzwischen entstandenen Beziehungen in der Gruppe werden thematisiert, manchmal mit dem beliebten Spielchen 'sag mir wie du mich findest, dann sag ich dir, was ich von dir halte'. Mir ist öfter zu Ohren gekommen und ich habe es auch schon selbst erlebt, dass an diesem Spiel eine Gruppe zusammen- oder auseinanderbrach. Das liegt daran, dass Männer sich dann zu Offenheit und Ehrlichkeit aufzuschwingen meinen, seltsamerweise die negativen Aspekte aber so überwiegen, dass alle nachher abgeturnt sind. Hinter der 'Offenheit' verbirgt sich Aggression, die oft durch die Wahrnehmung dessen an anderen Männern entsteht, was man bei sich selbst nicht gut abkann und nicht wahrhaben will.
Erst die Selbstwahrnehmung auch gerade der Teile, die man bei sich nicht leiden kann, öffnet den Weg für echte Sympathie und Offenheit zu anderen Männern Einem Mann zu sagen "ich mag dich" fällt Männern viel schwerer und macht sie verletzlicher als "das finde ich an dir nicht gut".

Wenn so eine Erwärmung des Gruppenklimas stattfindet, entstehen oft auch Situationen, in denen nicht mehr nur geredet wird. Rollenspiele, Psychospiele, Körperübungen und Massage werten vorsichtig versucht, " ...teilweise Wonne, Gruppenfeste, gemeinsame Wochenenden, Rührungsbeieinander, knabenhafte Räusche." 100 Daraus folgt dann bald: "Ein kompliziertes Netz von sympathischen und antipathischen Gefühlen verstrickt alle Männer."[100] Und langsam wird sie unausweichlich, die Homosexualitäts-Debatte bricht aus. Manchmal ist sie auch schon eher ausgebrochen, vor allem dann, wenn offen ‚bekennende' Schwule in der Gruppe sind. Ansonsten wird dieses heikle Thema möglichst weit hinausgeschoben; oft mit dem Hinweis: "Ich möchte Männer umarmen können, zärtlich, sein, ABER DAS HAT DOCH NICHTS MIT SEXUALITÄT ZU TUN!!!" Die Angst schreibt große Buchstaben. Ein treffliches Beispiel für Rationalisierungen, die auch oft den Zugang zu tieferliegenden Gefühlen erschweren.

d) Auseinandersetzung mit der Lebensgestaltung

Wenn die Männergruppe es schafft, die Beziehungen untereinander so durchzuarbeiten und zu gestalten, dass nachher überwiegend Sympathie übrigbleibt - einige Männer werden früher oder später ausgestiegen sein - schließt sich evtl. noch eine 'politische' Phase an, in der eine Auseinandersetzung mit der jeweiligen Lebensgestaltung, speziell auch mit der Arbeit, stattfindet. "Die Männer reflektieren einander in ihrer gesellschaftlichen Wirkung und. Abhängigkeit. Sie erkennen, wie die Vorbereitungen und Ausübungen ihrer Berufe in Gestimmter Weise zur Stützung des Patriarchats ablaufen und stattfinden müssen. "[101] Pilgrim berichtet, dass diese Phase den Männern mehr an den Nerv geht als die Auseinandersetzung um die direkte Männerrolle. Es geht um die ökonomische Existenzgrundlage, wie mann seine Brötchen beschafft. Ich selbst habe diese Phase noch nicht erlebt und die wird wohl auch in vielen Gruppen, in denen hauptsächlich Studenten, Jobber, Arbeitslose oder 'alternativ' Arbeitende sind, nicht derart brisant durchlaufen: Die Berufsrolle gehört noch nicht oder nicht mehr so zentral zur Identität dieser Männer.

e) Eine weitere Phase kann das gemeinsame Projekt sein, z.B. einen Männerkalender zu erstellen, eine Zeitung herauszugeben, ein Männerfest oder -treffen vorzubereiten usw. Manche Gruppen kommen auch direkt zu einem solchen Projekt zusammen, wie z.B. die Berliner Gruppe zum Männerkalender 83, in der ich mein 'männerbewegtes Coming Out' hatte. In diesem Fall häufen sich die Schwierigkeiten durch die Sachzwänge, die die Energie von persönlichen Auseinandersetzungen, vom Austragen der Konflikte, aber auch von dem Aufeinander-Zugehen abziehen. Sich in einem 'Produktionsprozess' von den Männerkisten zu lösen, scheint doppelt schwierig, da hier eine gewisse Rationalität nötig ist, die dann aber oft maßlos übertrieben 'ausgelebt' wird. Im Anschluss an die drei oder vier vorherigen Phasen kann das gemeinsame Projekt aber der Gruppe weiterreichende Bedeutung geben, ihren weiteren Bestand bewirken und die Veränderung sozialer Herrschaftsverhältnisse direkter betreiben.

Wie lange Männergruppe zusammenbleiben, wie lange eine Phase dauert, lässt sich nicht allgemein beantworten. Mit dem Ablauf der dritten Phase sind meistens wohl ein bis zwei Jahre vergangen. Die meisten Männer, die nicht mehr in einer Männergruppe sind, betrachten sie als eine wichtige Phase in ihrem Leben, die aber vorbei ist. Andere wechseln zur Therapie oder finden sich in der schwulen Szene und Bewegung wieder, weil sie schwul geworden sind.

6) Inwiefern können die Männergruppen-Prozesse als emanzipatorisch bezeichnet werden?

a) Zunächst schafft die Männergruppe Bedingungen, einen Rahmen, in dem Aspekte der Emanzipation öffentlich werden, d.h. dass darüber geredet wird und etwas unternommen werden kann. Eine solche Bedingung ist die Geborgenheit, die eine Männergruppe bieten kann. Sie ist Voraussetzung für die Öffnung und Preisgabe von Ängsten, Gefühlen, Problemen usw. Die Gruppe kann auch einige Sicherheit als Experimentierfeld für neue Verhaltensweisen geben, die 'draußen' nicht so gefahrlos ausprobiert werden können (z.B. einen Rann in den Arm nennen).[102]

b) In diesem Rahmen kann dann auch die Selbst- und die Fremdwahrnehmung verbessert werden: "Mit diesen Männern habe ich mich differenzierter wahrzunehmen gelernt."[103] Eine solche Selbstwahrnehmung kann dazu führen, auch das eigene Herrschaftsgebaren als Teil des eigenen Fühlens und Lenzens wahrzunehmen. Die Wahrnehmung differenziert sich im Prozess der gegenseitigen Wahrnehmung: "Mir ist an anderen Männern ausgefallen, was ich selber tue: Ich benutze in Streitgesprächen die Sprache als Herrschaftsinstrument."[104] Auch Pilgrim hält diesen Prozess für entscheidend: "Seine Rolle, sein Zwangsverhalten kann der Mann mit Hilfe der Frau nicht mehr erkennen, nur mit Hilfe des Spiegels des anderen Mannes: ‚Schaut euch an, und kümmert euch um euch selbst.'"[105]

c) Einige Auseinandersetzungen sind dann nötig, bis Männer zulassen können, dass sie einander Spiegel sind, dass Mann am anderen Mann das mit besonderer Schärfe sieht, was einen selbst nicht allzu fremd, sondern gar zu vertraut ist! Hierbei spielt das Konkurrenzverhalten eine wichtige Rolle: Jeder will, wenn nun schon mal Emanzipation das Ziel sein soll, schon weiter sein als der andere. Goldberg spricht von dem "... Wettkampf um den Titel des am wenigsten wettkämpferischen oder chauvinistischen Mitglieds."[106] Wenn dieser Wettkampf aber als solcher wahrgenommen werden kann und Männer spüren, was sie einander und sich selbst mit ihrem Konkurrenzverhalten antun., ist ein entscheidender Schritt getan.

d) Folge solcher besserer Wahrnehmung kann dann sein, dass alte männliche Privilegien und damit verknüpfte Verhaltensweisen zunehmend unattraktiv werden im Vergleich zu Männern, die lernen, emotional zu sein und sich so zu zeigen; bspw. wenn sie weinen als „... Körperwort für das Bedürfnis, in seiner Schwäche akzeptiert zu werden, dafür, dass einem geholfen wird."[107] Da wird z.B. der coole oder rationale Weltmeister im Argumentieren sich vielleicht recht einsam fühlen, wenn er sieht, dass es auch Trost gibt, wenn man Schwäche zeigt. Neid und Eifersucht auf die Männer, die das schon eher können, sind noch Hindernisse und Abwehr auf dem Weg, eigene Schwächen einzugestehen.
Ständig lauern Klippen, an denen emanzipatorische Schritte umkippen können in alte Muster, wenn z.B. das Weinen dann schon zur Leistung wird, messbar in Tränenflüssigkeit, die man heute schon bringen muss. Hopp, weine jetzt!

e) Im besten Fall kann sich durch den beschriebenen Prozess die Interessenlage bzw. der Zugang zu tieferen persönlichen Interessen ändern bzw. verbessern, sodass eine Eigenmotivation auch bei den Männern entsteht, die vielleicht nur von außen in die Männergruppe geschubst wurden. Männer lernen, sich und anderen zuzugeben, dass sie leiden, und zwar auch an sich selbst, an der eigenen Unterdrückung der Gefühle. Und sie lernen, neue Wünsche zuzulassen. Im Ansatz waren Wünsche und Leiden natürlich schon vorhanden, sonst wären die Männer nicht in die Männergruppe gegangen. Aber sie treten nun als Bedürfnis nach Veränderung zutage.

f) Am direktesten können die Bedürfnisse angegangen werden, die die Gruppe und ihre Mitglieder betreffen. Thomas Ziehe beschreibt drei Komponenten dieser Bedürfnisse:[108]

1. die narzisstische Komponente als Wunsch, zu Zeiten im Mittelpunkt zu stehen, aber auch, sich zu spiegeln in Leuten, die mir ähnlich sind;

2. die hedonistische Komponente als Wunsch gemeinsamer Bedürfnisbefriedigung. Ausgelebt wird diese Komponente meist wohl nur im Ansatz, z.B. im gegenseitigen Massieren, Feiern, vielleicht sogar in einzelnen auch sexuellen Beziehungen, die aus der Gruppe heraus entstehen. In der radikalsten Form bleibt diese Komponente als "bacchantische, orgiastische Phantasie" in den Köpfen der Männer;

3. die regressive Komponente als Wunsch nach Geborgenheit, die Schwachsein, Emotionalität und Intimität erlaubt.

g) Alle drei Komponenten, besonders aber die regressive, bekommen besondere Bedeutung, wenn diese Bedürfnisse von den Frauen nicht mehr problemlos befriedigt werden und dieses Defizit entscheidende Motivation für die Männergruppe war, Die von der Frau verweigerte Mama-Funktion wird von der Gruppe erwartet. Wenn die Männergruppe diese Funktion bruchlos übernimmt, kann das auch ein Hindernis sein, sich mit der emotionalen Unselbständigkeit - entstanden u.a. durch die unbewältigte Mutterfixierung - zu lösen, das wird aber wohl nur selten und hauptsächlich in geleiteten Gruppen gelingen. Denn sich gegenseitig eine Geborgenheit schenkende Mama zu sein, das können Männer nicht so schnell, obwohl alle sich diese Geborgenheit wünschen.[109] Indem Männer anderen diese Geborgenheit geben lernen, befreien sie sich schon ein Stück von der Mutterfixierung.

7) Widersprüche und Schwierigkeiten im Emanzipationsprozess der Männergruppe

a) Die Männer befinden sich in dem Widerspruch, zusammen das lernen zu wollen, was alle zunächst kaum oder gar nicht können. Da halte ich dann auch die These für falsch, mann sollte bzw. müsste erst- mal den Macker voll raushängen lassen, bevor mann sich verändern könne: "Um mich von der Mackerrolle zu emanzipieren, richtig zu emanzipieren, muss ich dieses Mackerverhalten erst einmal bewusst durchlebt haben! (...) wenn ich bspw. seh, wie ich ficken will, ich habe in letzter Zeit öfter Vergewaltigungsphantasien und ich bin richtig STOLZ darauf manchmal!"[110]
Das "bewusste Durchleben" der Mackerrolle entfernt noch mehr von den Interessen und Gefühlen, die zur Emanzipation motivieren. Vergewaltigungsfantasien haben mit Gewalt gegen sich selbst zu tun, sind Ausdruck z.B. der Unfähigkeit, sexuelle Aktivität offen zu zeigen. Erst der Gefühlsstau macht Gefühle 'gewaltig' und Männer gewalttätig. Die aufgestauten Gefühle gilt es wieder zu spüren, die sich unter der Oberfläche der Gewaltfantasie tummeln. Stolz auf die Fantasie zu sein ist aber sicher nicht der Zugang zu diesen Gefühlen. Und Stolz drängt erst recht nicht auf Veränderung. Hier wird Emanzipation als Vorwand gebraucht, nochmal richtig die Mackerrolle voll auszuleben und die Sau rauszulassen.
Schon eher stimme ich Brzoska zu: "Für einen tiefgreifenden Veränderungsprozess ist es wichtig, dass die 'Kaputtheiten' zunächst herausgelassen, gezeigt werden, um sie ganz zu erkennen. Sonst kommen sie immer wieder, da sie nicht an der Wurzel gepackt werden können."[111] Dabei kommt es aber darauf an, die 'Kaputtheiten' als solche auch zu zeigen, als Schwächen. Anderenfalls, wenn die Männer z.B. so kaputt sind, sich nur aggressiv anzumachen und zu konkurrieren und zu rationalisieren, werden sie sicher nicht lange zusammenbleiben. Ein Stück der gewünschten Emotionalität und Wärme muss, so scheint es, vorweggenommen realisiert werden, um dem Zeigen von Schwächen überhaupt Raum zu geben, auch dann, wenn die

Wärme noch nicht unwidersprüchlich ehrlich ist. Ein solches Experimentieren mit neuem Verhalten macht neue Erfahrungen erst möglich.

b) Ein solches Experimentieren mit neuem Verhalten wird oft als "Softie-Verhalten" beschimpft. Michael Naumann bezeichnet den Softie als ein "Oberflächenwesen mit Doppelcharakter"[112] und meint damit den an der Fassade veränderten Mann, der in tieferen Schichten immer noch "rabiat" ist. Ich denke, dass widersprüchliches Verhalten von Männern, die sich ändern, unumgänglich ist, dass offeneres, emotionaleres mit altem, verschlossenem, hartem Verhalten abwechselt. Bedenklich wird diese Widersprüchlichkeit allerdings dann, wenn Männer sich mit dem Verändern der Fassade begnügen, um sich irgendwelchen Normen - Frauenfreundlichkeit ist angesagt - anzupassen. Diese Männer sind nicht bis zur Eigenmotivation vorgedrungen. Und es ist verständlich, dass Frauen vor solchen Falschspielern, warnen.

Verdächtig scheint mir aber das wütende Schimpfen von Männern gegen Softies. Haben sie Angst, die Softies könnten bei Frauen besser ankommen? Wollen sie vielleicht nur selbst besser ankommen, sind aber zu stolz, als Softie herumzulaufen? Auch G. Wilhelm sieht Neid und Eifersucht bei den Männern, "...die nicht so schnell auf die weiche Welle umschalten konnten ...", auf die Softies.[113] Ich glaube, der Neid ist in der Sache unbegründet: "was nur beiseitegeschoben ist, wird sich Irgendwann wieder Geltung verschaffen, direkt oder in anderer Form."[114]

Wenn Männer sich nur oberflächlich soft geben, werden sie höchstens oberflächlich besser mit Frauen klarkommen. Elsemarie Kaletzke zum Softie: "Haben wir den gewollt? Im ganzen Leben nicht! Sanft, ja, sensibel, zärtlich, einsichtig über das Funktionieren der Unterdrückung - alles getont, aber nicht elastisch, nicht bloß reagierend, und aus der Frauenbewegung noch ein männliches Vorteilchen schlagend.[115]

c) Trotzdem wird das Erscheinungsbild von sich verändernden Männern widersprüchlich bleiben, der Panzer kann nicht gut auf einmal gesprengt werten. Auch falsch ist m.E. die These, die Rödner aufstellt: "Doch in der

Realität kann sich solch ein 'softer' Mann gar nicht anders verhalten als jeder Chauvinist auch. Da das brutale Konkurrenzsystem sich nicht mit ihm zusammen verändert hat ... wird der Gebrauch seiner Ellenbogen auch trotz des darüberliegenden Samtjacketts kein anderer."[116] Das ist eine Diskussion wie um die Henne und das Ei, was muss zuerst verändert werden? Du oder das System? Rödners These lässt sich zu leicht als Legitimation für das Unterlassen von Selbstveränderungsversuchen auslegen!

d) Eine weitere Schwierigkeit im Prozess der Emanzipation und in der Männergruppe ist die Unfähigkeit zu offener, detaillierter, aber nicht vernichtender Kritik am anderen kann. Männer sind es gewohnt, sich aggressiv zueinander zu verhalten, um so in Distanz zu bleiben. Sich aber offen zu kritisieren, ohne sich gleich ganz abzulehnen, und damit auch Nähe herzustellen, wird tunlichst vermieden. Und ehrliche Kritik können Männer von Männern schwer ertragen, ohne abzuwehren. Wenn solche Kritik aber unterbleibt, fehlt ein entscheidender Antrieb zur Veränderung, und es entsteht eine männerbündlerische Solidargemeinschaft. Wirklich nahe kommen sich diese Männer nicht, da sie ihre negativen Gefühle und Vorbehalte vor- einander unter Verschluss halten. Ich bin daher auch skeptisch bei einer überbetonten Idealisierung von Männergruppen.[117]

e) Mit dem Zulassen von Kritik ohne völlige Ablehnung der Person können auch Autoritätskonflikte bearbeitet werden. Männer denken und fühlen - durch ihr Ge- spaltensein in Täter und Opfer - sehr stark in Uber- und Unterlegenheitskategorien. Jemanden kritisieren, ohne sich über ihn zu stellen, Kritik an sich zulassen, ohne sich unterlegen zu fühlen, können neue Erfahrungen sein, bestenfalls sogar zu der Fähigkeit führen, in bestehenden Herrschaftsstrukturen nicht - bzw. nicht mehr als nötig - den Radfahrer zu spielen. Sogenannte starke Männer hinter ihrer Fassade erlebt zu haben vermindert aber zumindest auch die Angst vor Autoritäten.[118]

f) Entscheidendes Problem in der Frage, wie Männergruppen emanzipatorisch wirken können, ist die Übertragbarkeit auf den Alltag. Wie ich zu zeigen versucht habe, besteht in der Männergruppe zumindest die Möglichkeit, die wichtigsten Schritte zur Emanzipation zu gehen: Die Interessenlage kann sich ändern durch Zugang zu tieferliegenden Bedürfnissen, aus Fremd- kann Eigenmotivation werden mit Leiden und Wünschen als deren Quellen. Widerstände der Selbstwahrnehmung können durch den Spiegeleffekt abgetragen werden, Männerbeziehungen - mit ihrer Konkurrenz und Kontaktlosigkeit - können direkt, Frauenbeziehungen - vor allem die Mechanismen der Mutterfixierung und die emotionale Unselbständigkeit - können indirekt verändert werden. Gefühle können spontaner zugelassen werden, schwule Bedürfnisse können wach werden. Werden sie auch ausgelebt, verändert sich die Sexualität direkt, ansonsten vielleicht indirekt durch Gespräche und Erfahrungsaus- tausch.

Wahrscheinlich sind die Männer nur dann in der Lage, ihr Alltagsverhalten entsprechend den Erfahrungen in der Männergruppe zu verändern, wenn die Gruppe selbst wichtiger Bestandteil des Alltags geworden ist. Solange sie Instrument ist, um bspw. die Beziehung zu einer Frau zu kitten, wird das nicht gelingen: "... den Charakter einer emanzipatorischen Selbstveränderung erringen diese Beziehungen (in der Gruppe) nur in einem Gruppenkontext, der auf Zwecksetzung, Erfolgskontrolle, instrumentalisierten Außenbezug weitgehend verzichtet. Jedoch: Ergebnis eines solchen Verzichtes könnte dann gerade eine neue Dimension eigener Verhaltensmöglichkeiten sein, die sich sehr wohl außerhalb der Männergruppentreffs, kollektiv und einzeln, spürbar auswirken."[119]

An dieser Stelle möchte ich auf die Beziehungen der Männer untereinander, die die Substanz der Veränderungen durch die Männergruppe sind, genauer eingehen, und zwar unter dem Blickwinkel männlicher Homosexualität. Und was hat Schwulsein mit der Emanzipation des Mannes zu tun?

17.   Männeremanzipation und Schwulsein

Auf die Frage "Was ist eine Männergruppe?" wurde in vielen Normalbürgern wahrscheinlich die Assoziation 'schwul' aufsteigen. 'Besser Informierte' machen da hingegen eine scharfe Trennung und behaupten, das habe 'damit' nichts zu tun.

Bei ganz genauem Hinsehen möchte ich nun die These wagen, dass homosexuelle Energie die wesentliche positive Energie in Männergruppen ist und dass Männeremanzipation nicht am Schwulsein vorbei gelebt werden kann. Bevor ich diese gewagte und für manchen Leser vielleicht provokante These - der hat natürlich nur Angst, was sonst - näher begründe, möchte ich überhaupt einmal den Standpunkt dieser Arbeit zu schwulen Männern und Homosexualität bestimmen. Um alle Zweifel auszuschließen: Schwule Männer sind Männer. Und zwar sind sie Männer, auf die viele meiner bisherigen Ausführungen genauso zutreffen, bis auf den Punkt der 'abweichenden' sexuellen Orientierung, der allerdings auch abweichende Folgen hat.

Die Emanzipation offen schwul lebender Männer und die Prozesse von 'bekennenden' Schwulengruppen sind unter dem Aspekt der Homosexuellen Emanzipation nicht Thema dieser Arbeit. Die Emanzipation schwuler Männer geht von anderen Voraussetzungen aus: der gemeinsam erlittenen Unterdrückung und Diskriminierung. Und Schwulengruppen haben eine ganz andere Dynamik, einerseits durch die Solidarität der Diskriminierten als grundlegende Gemeinsamkeit, andererseits durch die offene Präsenz von Sexualität und sexuellen Wünschen, da sich die Männer grundsätzlich als mögliche Sexualpartner begreifen.

Über Schwulengruppen zu schreiben bin ich auch noch nicht kompetent, ich habe gerade erst meine erste Gruppe angefangen.

Die Aspekte der allgemeinen Männeremanzipation treffen auf Schwule zum großen Teil auch zu, auch die Widersprüchlichkeiten des Täter- und Opfer-Seins im Unterdrückungssystem. So gibt es z.B. im Leben vieler Schwuler die Busenfreundin, die emotional, eben nur sexuell, genauso ausgesaugt wird.[120] Und auch die Beziehungen schwuler Männer untereinander gleichen z.T. denen heterosexueller Männer. Auch sie sind oft gezeichnet von emotionaler Beziehungslosigkeit, von Konkurrenz[121], von Mangel an intensiven Gefühlen; da bleibt im Extrem nur der Unter- schied, dass Schwule ihre Sexualität - manchmal wie auf dem Fleischmarkt - austau- schen. Die schwule Subkultur kennzeichnet Männergebaren z.T. sogar deut- licher als die 'heterosexuelle Weit': potenzierter Männerwahn in der Leder- kneipe. Männersexualität kommt ungehemmter zum Ausdruck, auf der Klappe, im Park, im Fickkeller.

Nicht zuletzt deswegen gibt es einige Schwule, die die Männergruppe einer reinen Schwulengruppe vorziehen. Dort können sie ihrem Männergebaren vielleicht eher auf die Schliche kommen: "Ich machte mir vor etwa einem halben Jahr verstärkt Gedanken um Männeremanzipation, indem ich er- kannte, dass ich mich in nichts von den 'normalen' Mackern unterschied, außer dass ich auch größte Lust verspürte, wenn ich mich ficken ließ."[122] Und: "Ich glaube inzwischen nicht mehr, dass das Schwulenmilieu femini- nen Männern helfen kann, sich ihre Zuneigung zu anderen Männern einzu- gestehen, dazu herrscht dort noch zu sehr der Männlichkeitszwang, dessen Opfer Schwule gleichzeitig sind, deshalb bin ich zunehmend an einer Män- nerbewegung interessiert..."[123]

Es gibt daneben auch andere Gründe für Schwule, in eine Männergruppe zu gehen, z.B. weil sie sich in einen 'Hetero' verlieben wollen,[124] vielleicht auch aus Angst, sich offen zum Schwulsein zu bekennen, vielleicht auch, um aus dem 'schwulen Getto' herauszukommen. Es gibt allerdings auch viele Gründe, nicht in eine Männergruppe zu gehen: "Schwule haben in einer he- terosexuellen Männergruppe nichts zu suchen, es gibt dort nichts zu finden!" behauptet ein Autor im Männerkalender 1980, insbesondere deswegen, weil in Männergruppen oft noch eine unterschwellige Diskriminierung der Ho- mosexualität fortlebt.[125]

Eine klare Abgrenzung zwischen schwulen und Hetero-Männern und -grup- pen ist überhaupt nicht möglich, nicht zuletzt auch deswegen, weil Männer in Männergruppen mitunter auch schwul werden bzw. dort ihr 'coming out' erleben. Und die Unmöglichkeit einer Abgrenzung erlebe ich auch in mir selbst. Als ich mich entschloss, diese Arbeit zu schreiben, fühlte ich mich noch überwiegend heterosexuell - mit schwulen Wünschen, o.k. - ich habe deswegen den Emanzipationsbegriff für Männer an heterosexuellen Männern entwickelt. Inzwischen fühle ich mich mindestens genauso schwul wie von Frauen angezogen, und das wirft mich auch in methodische Schwierigkeiten in dieser Arbeit, da ich Homosexualität nicht mehr - als Neuauflage ihrer Ausgrenzung - in dieser Arbeit ausgrenzen wollte und konnte.

Die Unmöglichkeit der Abgrenzung spiegelt sich auch im Geschehen der Männergruppen. Homosexualität ist immer präsent, wenn nicht praktisch, dann in Form von Wünschen, meistens aber Ängsten und Wider- ständen. Diese äußern sich auf verschiedene Weise: Die gängigste Form ist die Ignoranz und Rationalisierung, wie ich sie oben beschrieben habe. "Für die mg-Männer, die lernen wollen, zärtlich zu Männern zu sein, z.B. sich bei der Begrüßung zu umarmen und sich ein flüchtiges Küsschen zu geben, was dann aber nicht sexuell sein oder zu mehr führen soll: DAS IST SEXISTISCH AUF DIE FEINSTE, SUBTILSTE', INTELLEKTUELLE, LINKE WEISE"[126], schreibt ein Schwuler. Zwischen Zärtlichkeit und Sexualität eine Trennungslinie zu ziehen, sowohl theoretisch als auch praktisch, steht im Dienst der Angst vor der letzteren.

Eine weitere Form ist die der gleichgültigen Toleranz: "Ihr könnt gerne machen, was ihr wollt!" heißt die Fassade, dahinter steht dann: "solange ihr mich nicht damit behelligt..."Ulf Preuss Lausitz: "Genossen, ihr praktiziert 'Toleranz' als Nichtbetroffenheit, als Gleichgültigkeit, als abstrakte Solidarität (im besten Fall) ... Eure 'Toleranz' endet just da, wo euch das Schwule nicht als das Fremde, Exotische, das Licht-Ich begegnet, sondern auf die Überlappungen, aufs Gleiche besteht, wo's zwangsgenitale Modell untergraben wird."[127]
Offen von Ekel vor schwuler Sexualität zu sprechen[128], traut sich in Männergruppen kaum noch einer: Mann ist ja tolerant. Trotzdem, wenn bei diesem Thema mal nachgehakt wird, kommt eben doch noch oft ein Widerwillen zutage. Da schwule Sexualität aus nichts anderem besteht als aus der

Verdoppelung männlicher Sexualität, verweist der Widerwillen dagegen auf das Verhältnis zum eigenen Körper, zu dem die meisten Männer allerdings auch ein reduziert lustvolles Verhältnis haben.[129] Viele Vorurteile, Ablehnungen und Widerwillen machen sich an den 'Umgangsformen' im schwulen Sub fest. Die Kritik daran möchte ich aber denen überlassen, die sie kennen und unter ihr leiden. Auch wenn dort potenzierter Männerwahn gelebt wird, richtet er sich nicht gegen Frauen als Opfer, ist also aus der Mann-Frau Unterdrückung ausgegliedert und trifft nur die, die sich an ihm beteiligen: Auch wenn die schwule Männersexualität Ausdruck der Unterdrückersexualität ist, findet sie nicht im gesellschaftlichen Unterdrückungsverhältnis statt, das entzieht den Boden für eine Kritik von außen.

Die Einstellungen zur Homosexualität schlagen sich auch in den Theorien über sie nieder. Von den abstrusen Theorien zur Entstehung der Homosexualität will ich lieber schweigen. Die Entstehung von Heterosexualität wäre da ein vorrangig (un-)interessantes Thema: Unter ihr leiden viel mehr Menschen.

Aber auch rollenkritische männliche Denker kommen zu merkwürdigen Fragestellungen und Ergebnissen, die auf ihre eigene Sexualität schließen lassen. Nitzschke befürchtet z.B., dass eine "...bestimmte Form der Homosexualität Abwehrcharakter gegen hetero- sexuelle Erfahrungen"[130] hat und mit "Unfähigkeit zum Erleben und Ertragen der Differenz"[131] zusammenhängt. Ist er vielleicht unfähig zum Ertragen und Erleben seiner Identität? Darüber schweigt er sich leider aus ...

Goldberg bemerkt zwar, dass Angst vor Homosexualität Nähe zwischen Männern verhindert, kommt aber nicht auf die Idee, dass die größte Nähe zwischen Männern auch ihren körperlichen Ausdruck hat und so auch sexuell ist. Stattdessen lobt er die Kameradschaft: "Sie ist die tiefste Beziehung, die zwischen Männern möglich ist. Eine Kameradschaft, die schon einige Krisen überdauert hat, besitzt Dimensionen, die selbst in der tiefsten Beziehung zwischen Mann und Frau nicht vorhanden sein können; sie hat Aspekte der Beziehung zwischen Vater und Sohn und zwischen Bruder und

Bruder."[132] Nein, Herb Goldberg hat keine Ängste vor Homosexualität, nein, nur 'zufällig' benutzt er noch das Inzesttabu, um die 'Natürlichkeit' der Asexualität der tiefsten Männerbeziehung unterschwellig dem Leser unterzujubeln. Die Frauenfeindlichkeit dieser Zeilen ist die andere Seite der Medaille: Wenn die tiefste Beziehung nur zwischen Männern möglich ist, dann braucht mann die Frau halt noch fürs Bett und für die Küche ...

Den Abwehrcharakter gegen Homosexualität, der Theorien prägt, bemerkt Theweleit bei Faschismustheorien, die mit der Kompensation latenter Homosexualität in Männerbünden deren Unterdrückungscharakter erklären,[133] und so versuchen, Homosexualität assoziativ in die Mähe von weißem Terror und Faschismus zu rücken. "Auf diesem Hintergrund von latenter' Homosexualität zu sprechen, erscheint als irreführend. Was man da latent nennt, ist der offen- kundige Zustand der Gesellschaft, die die Attraktion durch das 'Männliche' dadurch verordnet, dass sie das 'Weibliche' entwertet ..."[134]. So gesehen haben Männerbünde als Zentren männlichen Herrschaftsgebarens mit der offen und lustvoll ausgelebten Sexualität zwischen Männern nichts zu tun!

Neben all diesen Formen der Abwehr und Angst vor Schwulsein, der Nationalisierung, der Abgrenzung, der Toleranz, des Ekels und deren Niederschlag in Theorien findet sich in Männergruppen noch eine andere Einstellung. Mit dem Anspruch, homosexuelle Erfahrungen im Dienste der Emanzipation machen zu müssen, ohne die Ängste dabei ernst zu nehmen,[135] werden Widerstande einfach übersprungen und behalten ihre alte Wirksamkeit. Oft verlassen solche ‚Anspruchsschwule' nachts mit wehenden Fahnen des andern Mannes Bett oder machen emotional ganz plötzlich dicht. Klar, dass Schwule sich dagegen wehren, "...ihre Liebe zum Tummelfeld von nicht ausgestandenen Zweifeln machen zu lassen."[136]
Am tiefsten geht die Auseinandersetzung mit Schwulsein in der Männergruppe dann, wenn alle Ängste offen zugegeben werden können, um dann die dahinter verborgenen Wünsche freizulegen. Solange sie aber nicht

freiliegen und spürbar sind, tut sich und anderen Gewalt an, wer seine Widerstände meint überspringen zu müssen.

Trotzdem denke ich, dass jeder Mann auch schwul ist[137] und diesen Teil meist nur nicht zulässt.

Ich glaube keinem Mann, dass er da keine Bedürfnisse hat und auch nicht, "... dass er da was nie könnte"[138] wie Pilgrim es ausdrückt.

Homosexualität zu leben ist allerdings auch keine Garantie für Emanzipation: "... die homosexuellen Beziehungen sind weder ein Allheilmittel noch eine Zauberformel, sie werfen ... dieselben Probleme wie heterosexuelle Beziehungen auf, sind meistens dramatisch, widersprüchlich und zum Scheitern verurteilt. Sie bedeuten keineswegs Freiheit. Aber sie bieten die Chance, zu entdecken, dass liebe, Zärtlichkeit, sich gehen lassen, Eifersucht, Verliebtheit und alle möglichen anderen schönen und unschönen Dinge nicht notwendigerweise dem Revier heterosexueller Schlafzimmer vorbehalten ... sind."[139]

Andererseits kann die Begrenztheit von Männer-beziehungen und deren Konkurrenzcharakter ohne die Möglichkeit, einen Mann zu lieben und das auch körperlich auszudrücken, nie ganz aufgehoben werden. Und die Frauenfixierung bleibt bestehen, solange die Befriedigung Gestimmter Grundbedürfnisse nur von Frauen erwartet und zugelassen wird. Aus dieser Abhängigkeit heraus werden Männer nie freiwillig auf Macht und Unterdrückung verzichten können.

Neben der Männerliebe spielt auch die Selbstbefriedigung eine wichtige Helle, von der 'Lochfixierung' männlicher Sexualität wegzukommen. Marcello spricht von der Möglichkeit 'sexueller Autonomie' durch die "Wiederentdeckung der Masturbation".[140] Nun ist es ja nicht gerade so, dass Männer nicht onanieren. Aber sie befriedigen sich nicht, sie bereiten sich keine Lust, sie treiben sich die Lust aus, holen sie sich runter und spritzen sie heraus.

Schwules Leben kann die weitere Emanzipation erleichtern. „Auch wenn du schwul geworden bist, wirst du dich noch genauso wie die Heteros aus diesem Korsett des Patriarchalismus befreien müssen.

Aber weil du schwul geworden bist, gelingt es dir eher: "Du lebst als Schwuler gegen die herrschende Norm, ja gegen Herrschaft überhaupt", behauptet Ulf Preuss Lausitz, wobei er Schwulsein als die offen gelebte Homosexualität versteht.[141] Auch Pilgrim sieht den rollenüberwindenden Charakter einer schwulen Beziehung: "Um Frau und Mann schließt die Umwelt eine Schablone. Aber täglich erinnert der andere Mann den einen, dass er bei ihm so nah nicht sein darf."[142] Männerliebe steht in permanentem Widerspruch zu unserer Gesellschaft!

Was allerdings passieren kann beim Versuch der Männerliebe beschreibt Pilgrim: "Seit ich Männer begehre, merke ich, ich fasse ins Leere, wenn ich sie lieben will. Viel Körper, viel jenseitig - Übersinnliches, sonst Geist und Molekül. Mann wie Stein, heiß und kalt, trocken und nass, wie es von außen auf ihn kommt. Aber das sogenannte Herz, die Mitte, fehlt."[143] So, wie die Männer heute sind, ist es schwer, sie zu lieben. Und für Männer scheint es doppelt schwer.

Eine vollständige Emanzipation kann nicht an Männerliebe und Schwulsein vorbei vollzogen werden. Deren Verbot und Unmöglichkeit ist zentraler Bestandteil unserer männerbeherrschten Gesellschaft, und in unseren Ängsten und der Unfähigkeit zur Liebe sind wir Träger der Herrschaftsstrukturen!

Und jetzt wiederhole ich die Behauptung, dass die Energie von Männern, die sich verändern wollen, nicht allein aus der Negation, kommen kann, z.B. der, kein Macker, Chauvi oder sonst was sein zu wollen „das wäre negative Energie, die auch wichtig ist, um sich von Altem zu lösen, Die ist nach hinten gerichtet wie die Energie der Matrosen, die die Taue von den alten Ufern losmachen. Wenn Männer sich zusammen- finden, um wirklich beieinander zu sein - und nicht nur in Solidarität gegen etwas – dann ist homosexuelle Energie die Quelle, die Männer zusammenbringt und nach vorne treibt wie der Traum vom anderen Ufer das Schiff.

Dem ein oder der anderen Leser/in wird - wohl nicht erst jetzt - aufgefallen sein, dass ich der Sexualität große Wichtigkeit beimesse, und mich damit in Gesellschaft mit all den Männern befinde, die auch immer nur an das Eine denken. La mag was dran sein. Ich verstehe aber Sexualität - in einem weiteren Sinn - als Energiequelle des Menschen als sozialem, 'geselligen' Wesen, als Antrieb, miteinander zu sein und Kontakt zu haben.[144] Der Körper ist dabei die Grundlage des Kontaktes, wie er auch die Grundlage unserer Existenz ist. Wenn ich von sexueller Energie spreche, meine ich also nicht nur den Wunsch, miteinander zu schlafen, zu vögeln und so.

Ich spreche aber trotzdem von Sexualität und nicht von Erotik oder Intimität und erwecke dabei bewusst auch die Assoziation, dass es ums Vögeln geht. Denn darum geht es - unter anderem - auch, und nicht zu knapp, vor allem so lange, wie wir von einem freien Ausleben der Sexualität im engeren Sinne weit entfernt sind. Ich möchte also nicht einer Kuschelsexideologie - alles sauber - aufsitzen, durch die sich die alte Sexualunterdrückung wieder einschleicht, frönen.

Ist die Männerbewegung also doch eine verkappte Schwulenbewegung? Oder ist schwule Energie viel- leicht sogar die einzige direkt positive Energie der Männerbewegung? Während andere Energien eher aus der Abwehr unerwünschter Veränderungen wie der Emanzipation der Frauen kommen? Hier mache ich mal Pause, denn ich gerate zu sehr in das Feld meiner blinden Flecken, weshalb ich aber nichtsdestotrotz die Thesen zur Diskussion stellen möchte. Männer, die sich anderer positiver emanzipatorischer Energien bewusst sind, sollen sie mal zeigen, nur Abstreiten gilt nicht ...

Was spricht jetzt eigentlich noch für heterosexuelle Beziehungen? Wo schwule Beziehungen doch den Keim der Emanzipation, Heterobeziehungen hingegen nicht nur den Keim, nein, die ganze Struktur der Unterdrückung in sich tragen. An diesem Punkt bin ich weder mit mir noch mit anderen dogmatisch. Und ich nahe auch kein Interesse daran, auf Frauenbeziehungen zu verzichten. Aber, so sehr es einzusehen schwerfällt, ich kann die Konsequenz von Frauen akzeptieren, sich von Männern grundsätzlich fernzuhalten, ohne darin nun gleich Männerhass zu erblicken.

Was die 'bisexuelle' Lebensweise angeht, um das inzwischen als chic und Omnipotenz wahnsinnig verrufene Wort einmal ins Spiel zu dringen, stimme ich mit Kraushaar/Frings überein, dass sie von der Homosexualität her definiert werden muss: "Solange Heterosexualität als normal und Homosexualität als pervers eingestuft werden, dürfte es außerordentlich schwer sein, eine gleiche Verteilung (praktisch, und theoretisch; zu finden. Da nur die Homosexualität unterdrückt ist und die Angst vor ihr so tief reicht, kann dieses Ungleichgewicht nur durch die Konzeption einer Bisexualität erreicht werden, die von der Homosexualität abgeleitet wird - und nicht von der Heterosexualität."[145]

18. Warum können die beschriebenen Schritte der Emanzipation nicht auch in gemischten Selbsterfahrungsgruppen gegangen werden? Oder: die Angst der Männer vor dem Separatismus der Frauen

Najib Arabu betont z.B. die unterschiedliche Bedeutung und Berechtigung von Frauen- und Männergruppen und behauptet: „Der Abbau von Fassadenhaltungen kann ebenso gut in Gegenwart von Frauen angestrebt werden."[146] H.E. Richter berichtet, wie Frauen in gemischten Gruppen den Männern Vorbild sein können für emotionales, offeneres Erzählen von sich selbst.[147] In der taz - Frauenseite erschien vor einiger Zeit ein Artikel mit der Idee einer FdG, der Frauen-dominierten Gruppe, in der Männer in der Minderzahl sein sollen und daher ihre Strukturen der Gruppe nicht aufdrücken können, sondern gezwungen sind, sich zu ändern. Schmidbauer behauptet: "... sinnvolle Emanzipation ist nur möglich, wenn Angehörige beider Geschlechter zusammenarbeiten."[148] Und Manjo "... betrachtet seine Männergruppenzeit als ‚Kompensation' für fehlende Frauenbeziehungen.[149]
Ich möchte nicht behaupten, dass Männer sich nur in Männergruppen emanzipieren können. Aber erstens sind viele Frauen nicht mehr bereit, Männern Nachhilfe in Sachen Emanzipation zu geben, zum anderen können Frauen Männern auch nicht ihre Identität geben, wenn diese nicht auf allzu wackligen Beinen stehen soll. Vor allem hat aber eine Gruppe nur mit Männern eine ganz andere Dynamik, da keine Energie von Frauen in irgendeiner Weise benutzt werden kann. Nur in einer Männergruppe können Männer unmittelbar spüren, was nur sie selbst sind, was sie nicht auf Frauen schieben können, während sie es sonst vielleicht nur gesagt bekommen.
Und schließlich, ausgehend von der These der schwulen Energie als emanzipatorischer Kraft, kann sich diese dann am besten entfalten, wenn keine Frauen anwesend sind. Männer spüren ihre Defizite und ihre Wünsche aneinander und reduzieren damit auch die emotionale Abhängigkeit von Frauen.[150]

Männer, die die Vorteile der Männergruppe gar nicht einsehen können oder - wie Schmidbauer - die Notwendigkeit der Zusammenarbeit so arg betonen, verstecken damit oft ihre Angst vor der Verweigerung der Frau, vor der Isolation von ihr, und damit die Angst vor den eigenen Defiziten. Wie diese Angst die Theorien über Emanzipation korrumpiert, möchte ich hier als kleine enttarnende Einlage dokumentieren:

a) Die theoretische Version: "Aber auf eine Gefahr der Methode muss hingewiesen werden: Das Prinzip der reinen Frauengruppen führt allzu leicht dazu, dass Frauen den Männern davonlaufen"'[151] (noch sehr naiv und offen)

b) Die diskriminierende Version: "Der Verdacht ist nicht immer von der Hand zu weisen, dass Bewegungs-Lesben weniger ihren heterosexuellen Schwestern helfen wollen, als sie gegen die Männer aufzubringen, um sich - sicher unbewusst - für die in ihrer Kinderzeit erlittene Fehlprägung zu rächen."[152]

c) Die pseudosolidarische Version: "Mutter, Tochter und Frauen wie Väter, Söhne und Männer werden gleichermaßen in ihre Rollen gezwungen, wir sitzen alle in demselben Boot..."[153] (Und es ist immer noch eine Galeere.)

d) Die pseudohilflose, dreiste Version: "Wir lieben die Frauen als neue Eroberer, die unser Verlangen nicht einschränken, sondern befreien. Wir wünschen nichts sehnlicher, als dass sie unsere Festungen schleifen, unsere zwanghaften Panzerungen aufbrechen, denn wir wissen, dass wir es allein nicht schaffen können."[154] (Frauen, ihr seid beliebt als Nussknacker! Weiter so!)

e) Die verzweifelte Version: "... denn ein Leben ohne Frauen ist für mich nicht lebenswert."[155]

f) Die naiv-ignorante Version (an die Frauenbewegung): Vielleicht solltet ihr es jetzt gut sein lassen. Wir haben unseren Schreck doch jetzt weg. Wir haben eine heilsame Erfahrung gemacht. Und es ist doch wirklich allerhand geschehen." [156]

g) Die unglückliche Version: Claudio Hofmann schrieb einen Artikel „Über das Unglück, kein Feminist sein zu dürfen". [157]

h) Die offene Version gibt es schließlich auch: "Die Expansion der Frauenbewegung, die Unabhängigkeit und Autonomieerklärungen unserer früheren Kolonien erschrecken uns. Herzliche Beziehungen zu einzelnen Frauen mildern diese Schrecken, können aber die Angst vor Ausstoßung und Isolation nicht ganz beseitigen." [158]

i) Und erst nach dem Eingeständnis der Angst können eigene Bemühungen fruchtbar werden, ohne durch die Angst korrumpiert zu werden: "Es ist mühsam. Manchmal sind Frauen bereit, dabei zu helfen." [159]

Verweigerung von Frauen scheint wirklich das zu sein, was Männer in Aufruhr bringt. "Wo Frauen sich Männern entziehen, als billige Arbeitskräfte, als emotionale Tankstelle, als williges Sexualobjekt, da kommen Männer ins Grübeln." [160] und nicht nur das. Wenn ich nicht gerade selbst betroffen bin, genießt die Verweigerung meine volle Sympathie ... Denn die selbstgefällige Haltung der Männer, denen im Innern schon der Magen zerfrisst, verbietet jedes Mitleid mit ihnen. Sollen sie lieber in Aufruhr kommen.

Teil IV: Möglichkeiten und Grenzen von emanzipatorischen Männergruppen in der Sozialen Arbeit

19. Die Professionalisierung der Idee der Männeremanzipation

Können und sollen nun Männergruppen und Männeremanzipation Themen der Sozialen Arbeit sein? Werden damit nun auch die privilegiertesten Mitglieder dieser Gesellschaft 'psycho-sozial versorgt'?
Die Teilnehmer von Männergruppen sind traditionell selten Klienten von Sozialarbeit. Vollzieht sich mit dem Angebot von Männergruppen eine Abwendung der Sozialarbeit weg von den wirklich Benachteiligten hin zu denen, nie sich, aufgrund ihrer materiellen Lebensumstände, auch selbst helfen könnten? Wenn die Männerrolle als offenkundiges gesellschaftliches Problem zum Thema der Sozialarbeit wird, werden damit alle Männer zu Klienten der Sozialarbeit erklärt? Welche politischen Folgen hätte das und welches Selbstverständnis hätte eine solche Sozialarbeit?

Ich habe mich - sowohl in dieser Arbeit als auch persönlich – der Männerproblematik über meine eigene Person, mein Mann-sein, dann über die Auseinandersetzung mit anderen Männern und den Prozess der Männergruppe genähert. Auf diesem Wege suche ich meine Emanzipation. Von dort aus stellt sich für mich die Frage, ob ich dieses mein Interesse in die Sozialarbeit einbringen kann, ob Sozialarbeit männeremanzipatorisch wirken kann, ob sie in den Dienst der Männeremanzipation gestellt werden kann und soll, selbstständig gegründete Gruppen und Aktivitäten von Männern soll die Sozialarbeit dabei auf keinen Fall ersetzen oder auch nur kontrollieren.

Die Frage einer emanzipatorischen Sozialarbeit stellt sich nicht nur bezogen auf Männer, sondern grundsätzlich für das Selbstverständnis der Sozialarbeit:
"Sozialarbeit kann allerdings eine politische Emanzipationsbewegung keinesfalls ersetzen, sondern bewegt sich in deren Vorfeld, der 'Politisierung des Alltags'. Die theoretische Grundlegung einer solchen emanzipatorischen Sozialarbeit/Sozialpädagogik fehlt noch immer. Sie müsste befriedigende Vermittlung der politischen, der pädagogischen und der therapeutischen

Dimension leisten, d.h. sowohl die Kritik der Politischen Ökonomie als auch eine kritische Theorie des Subjekts in sich vereinigen."[1]

Übersetzt für die Männeremanzipation heißt das, die soziale Arbeit müsste helfen, die Vorbedingungen der Emanzipation zu schaffen, d.h. vor allem die Schwellen und widerstände reduzieren und eine Eigenmotivation der Männer wecken oder freisetzen.

Die "theoretische Grundlegung" einer emanzipatorischen Sozialarbeit/Sozialpädagogik kann ich in diesem Rahmen sicher nicht leisten, für die Männeremanzipation ergeben sich aber inzwischen einige Anhaltspunkte.

Die politische Dimension habe ich durch die Skizze der Mann-Frau Unterdrückung, durch die Darstellung der gesellschaftlichen Veränderungen, auf deren Boden Männergruppen entstanden sind und durch die Entwicklung eines Emanzipationsbegriffs, der die Unterdrückerposition des Mannes mit einbezieht, zu erhellen versucht.

Die pädagogische Dimension bezieht sich auf die Möglichkeiten und Grenzen einer Motivierung der Männer zur Emanzipation bzw. auf das Wecken ihrer eigenen Motivation.

Die therapeutische Dimension beinhaltet die Frage nach dem Prozess und dem Weg zur Emanzipation. Die therapeutische Methode kann dabei keine Emanzipation garantieren, da eine entsprechende Motivation zugrunde liegen muss, damit die Männer sich überhaupt für den therapeutischen Prozess öffnen. Der Prozess ist nicht vom Therapeuten kontrollierbar, sondern bestenfalls initiierbar und Unterstützbar.[2]

Entscheidend für eine männeremanzipatorische Sozialarbeit sind also die Einflussmöglichkeiten auf das Entstehen einer Eigenmotivation. Es ist schwer einzuschätzen, wie weit der Kreis erreichbarer Männer gefasst werden kann. Ausgehend von der These, dass das 'Arrangement der Unterdrückung' für alle Beteiligten nicht das befriedigendste ist[3] - und bei dieser Annahme gehe ich auch von meinem Erleben aus - sind es gesellschaftliche Widerstände gegen eine Veränderung, die sich im einzelnen Mann als Manifestation seiner Lebensgeschichte in seinem Körper, Fühlen und Denken ausdrücken. Welche Widerstände an diesem Ort, im einzelnen Mann, aus dem Weg geräumt werden können, d.h. wie aufgeschlossen gegenüber einer Veränderung Männer schon sein müssen, ehe soziale Arbeit mit weiterer Motivierung ansetzen kann, ist schwer zu sagen. Ich gehe aber davon aus, dass Männer auch die Fremdmotivation der Sozialen Arbeit nur dann in Bewegung gebracht werden können, wenn eine eigene Motivation - zumindest latent – schon vorhanden ist.

An diesem Punkt stellt sich die Machtfrage. Bin ich denn der Messias, der den Männern die Heilsbotschaft verkündet? "Lasset ab vorn eurem Unterdrückergebaren und ihr werdet ins Paradies der Emanzipation einziehen!"?? Inwieweit steckt hinter der Idee der Motivierung veränderungsunwilliger Männer meine Machtfantasie? Das Element der Kontrolle - traditionell Bestandteil Sozialer Arbeit, neben der Hilfe - schleicht sich ein. Warum denke ich überhaupt darüber nach, wie andere Männer für die Emanzipation zu gewinnen sind, die dies selber (noch?) gar nicht wollen? Der Verdacht meiner Machtgelüste ist ausgesprochen.

Daneben lassen es mir meine Wünsche nach intensivem, emotionalem und befriedigendem, lustvollem und herrschaftsfreiem Kontakt mit Männern lukrativ erscheinen, wenn andere Männer sich auch ändern. Und ich bin auch als Opfer von der Männerherrschaft betroffen, im Extrem von der Ausbeutung und Zerstörung der Umwelt und der Natur und als Opfer des dritten Weltkrieges.

Ist das Grund genug, den Messias zu spielen? Nein! Ich möchte den Kreis der Männer, die von meinen Überlegungen einbezogen werden sollen, auf die beschränken, die von solchen Ideen ansprechbar sind, die sich betroffen fühlen. Und das sind schon eine Menge.[4] Die anderen sollten wir betroffen machen, nicht durch Sozialarbeit, sondern durch Widerstand gegen ihre Unterdrückung.

Der Ansatz bei der eigenen Betroffenheit verändert stark die Rolle des Sozialarbeiters. Wenn Männer Männergruppen leiten, die selbst Mitglied einer Männergruppe sind oder waren, ist die Gefahr des Helfens "als Abwehr anderer Beziehungsformen und Gefühle", des "Helfersyndroms"[5], wesentlich geringer: Mann hilft sich zunächst selbst und benutzt dafür nicht, zumindest nicht primär, die Helferrolle. Der Widerspruch "Wenn wir ' Selbstverwirklichung' als auch unser Ziel angeben, warum brauchen wir dann andere, die im Elend sind?"[6] den L. Gerhard diagnostiziert, löst sich, wenn mann sich als im Elend der Männerrolle gefangen betrachtet.

Inwiefern ist die 'männliche Problematik', wie ich den Komplex jetzt nennen will, für die Sozialarbeit von Bedeutung? Gibt es, aus der Sicht der Sozialarbeit, Anlass und Grund, sich mit Männern als besonderer Spezies zu befassen? Entgegen meinem Ansatz, von der Männeremanzipation auszugehen und zu fragen, ob die Sozialarbeit da eingespannt werden kann, möchte ich jetzt einmal andersherum fragen, um zu sehen, ob die Idee der Männeremanzipation dort - vor allem in der Praxis - auf fruchtbaren Boden fallen kann.

Zunächst sind etliche Sozial-Arbeitende ja auch Männer, und deren Beziehungen zu den Klienten sind - verschleiert durch die in der Ausbildung erlernten Kommunikationsmuster - ähnlich strukturiert wie Männerbeziehungen überhaupt. Männer bleiben auch als Sozialarbeiter Männer. Entsprechende Erfahrungen in einem Familienberatungs-Projekt des Psychologischen Instituts der FU Berlin haben dort einen Dozenten veranlasst, Männerseminare für die angehenden Psychologen anzubieten.[7] Männliche Psychologen hatten wesentlich mehr Schwierigkeiten, sich einfühlsam auf männliche Klienten einzulassen als weibliche Psychologinnen auf Frauen. Die Beziehungslosigkeit und Konkurrenz zwischen Männern erschwert es den männlichen sozial Arbeitenden, einem Mann zu helfen. Für dem Sozialarbeiter als Multiplikator von Beziehungsstrukturen steht die Männerrolle besonders im Weg. Es handelt sich ja auch traditionell eher um einen Frauenberuf, den auszufüllen Männern schwerfällt.
Sozialarbeiter sind nicht nur anlässlich ihrer eigenen Person mit der männlichen Problematik konfrontiert, sondern auch bei den männlichen Klienten, das fängt damit an, dass Männer sich ungern helfen lassen, in deren Unfähigkeit, in persönlichen Angelegenheiten Hilfsbedürftigkeit einzugestehen.[8]

"Am liebsten würden sie gar nicht kommen" betitelt Ulrike Holler ihren Artikel über "Die Pro Familia und die Männer". "Wenn ihnen das Wasser schon am Hals steht, wenn sie überall abgeblitzt sind. Wenn es gar nicht sehr geht. Dann nehmen sie sich den Mut. Wohl eher den der Verzweiflung."[8]

In welchen Bereichen sozialer Arbeit könnte nun die männliche Problematik eine so wichtige Rolle spielen, dass Männergruppen sinnvoll erschienen? Ich gehe davon aus, dass Männergruppen anzubieten nur dort überhaupt Erfolg haben kann bzw. möglich ist, wo Männer potenziell schon Klienten sind, und zwar aufgrund persönlicher, weniger aufgrund materieller Not.

Der wichtigste Bereich ist die Partner- und Sexualberatung. Am ehesten leiden Männer heute Beziehungen und an der Sexualität, wenn es da nicht mehr klappt, bricht das emotionale Versorgungssystem zusammen, der Nachschub bleibt aus, der die Entfremdung in Beruf und Freizeit erträglich macht, die Krise wird unausweichlich. In diesem Bereich sind Angebote von Männergruppen auch durchsetzbar, wie die Beispiele Pro Familia und SMD zeigen.

Ein weiterer Bereich, in dem das Angebot von Männergruppen zwar sinnvoll, aber - zumindest die öffentliche Förderung - wenig aussichtsreich erscheint, ist der Bereich der sozialmedizinischen Prävention, speziell schwerer Organkrankheiten. "Nach neuesten sozialmedizinischen Untersuchungen sind die am stärksten zunehmenden Todesursachen bei uns Erkrankungen, die psychosozial, d.h. durch Auswirkung jahrzehntelangen Fehlverhaltens und chronischer Belastungssituationen, bedingt sind."[9] Als solches Fehlverhalten, rein im gesundheitsbezogenen Sinn, kann nach Richter auch das traditionelle Männerverhalten angesehen werden. Richter hat die Nähe von "Herzinfarktprofil" und "männlichem Standardprofil" herausgearbeitet.[10]

In Anbetracht der gesundheitspolitischen Situation in der Bundesrepublik einschließlich Berlin (west) ist das Angebot und speziell die Finanzierung einer Männergruppe z.B. als Infarktprävention wenig aussichtsreich: "Das gesundheitspolitische, vor allem unter präventivmedizinischem Aspekt so wichtige Versorgungssystem der Psychotherapie und Psychosomatik, dessen Entwicklung am allermeisten hinterherhinkt, wird weiterhin allem Anschein nach nur eine höchst stiefmütterliche Fürsorge genießen."[11]

Männer, die nie gegen die Unterdrückung ihrer Gefühle und deren verheerende somatische Folgen etwas tun wollen, sind weitgehend auf die Eigenfinanzierung einer Therapie angewiesen, wenn sie sich nicht für eine Selbsthilfegruppe in der Lage sehen. Männergruppen könnten m.E. in diesem Bereich die männliche Problematik und das daraus resultierende gesundheitliche Fehlverhalten wesentlich gezielter bearbeiten.

Der allgemein zugänglichste Bereich, in dem das Angebot von Männergruppen möglich und sinnvoll erscheint, ist der der Erwachsenenbildung. Hier sind - z.B. an Volkshochschulen - Männer ansprechbar, die noch nicht bewusst an etwas leiden, die vielleicht nur den Wunsch nach Kontakt haben oder sich weiterentwickeln wollen.

Das Angebot von Männergruppen in der Aus- und Weiterbildung sozialer Berufe erscheint sinnvoll aufgrund der oben beschriebenen multiplizierenden Wirkung des Verhaltens des Sozial Arbeitenden.

In allen genannten Bereichen wurden bereits geleitete Männergruppen angeboten, die inhaltliche Gestaltung variiert dabei zwischen Gesprächskreis (im Bereich Erwachsenenbildung), Selbsterfahrungsgruppe (in der Partner- und Sexualberatung), Therapiegruppe (Prävention, aber auch zur Persönlichkeitsentfaltung) und dem mehr theoretischen Seminar mit Selbsterfahrungsanteilen (in der Fortbildung). Genaueres dazu werde ich bei der Darstellung der aus den Interviews gewonnenen Informationen aufzeigen.

Der Ansatz dieser Gruppen ist primär professionell und vom jeweiligen Arbeitsfeld her bestimmt, in denen Männer arbeiten und mit der ‚männlichen' Problematik konfrontiert sind. Es hängt dann vom jeweiligen Gruppenleiter ab, inwieweit der Gedanke der Emanzipation in solche Gruppen eingebracht wird, oder ob es nur um die psychosoziale Versorgung von Männern in Krisen geht. Eine solche Versorgung unterliegt schnell dem Verdacht, zerstörerische gesellschaftliche Verhältnisse zu begünstigen und ihre Bedeutung für das individuelle Leid zu verschleiern. Und die Gefahr besteht, die Betroffenen von ihren Möglichkeiten zu entfernen, ihr Leben selbst zu gestalten, selbst zu gesunden und die krankmachenden sozialen Umweltfaktoren zu verändern.[12]

Übersetzt bezogen auf die Männerproblematik heißt das: Es ermöglicht Männern, durch Erweiterung ihres Handlungsspielraumes und ihrer Erlebnisfähigkeit, sich neuen Verhältnissen - bspw. selbstbewussteren Frauen, Forderungen nach dem Ausdruck von Gefühlen - anzupassen, ohne die Rolle und deren unterdrückende Funktion grundsätzlich anzutasten.

Ich glaube dennoch kaum, dass dadurch die Unterdrückung verstärkt wird; schlimmstenfalls sucht sie sich subtilere Formen. Ich bewerte die Existenz von Männergruppen in der Sozialen Arbeit also grundsätzlich positiv, als Chance, und so wie die Existenz von Frauenhäusern manifester beweis für und Anklage gegen die Missachtung von Frauen ist, wird die männliche Problematik durch öffentlich angebotene und finanzierte Männergruppen als gesellschaftliches Problem offiziell anerkannt, und die Gruppen ermöglichen Männern, die nicht in Kontakt zur männerbewegt angehauchten Alternativszene stehen, etwas gegen ihre Problematik zu tun.

20. Auswertung der 'Experten-Interviews'

Im Folgenden möchte ich aufzeigen, inwieweit Männergruppenleiter an Männeremanzipation oder Teilen derselben interessiert waren und sind, und wie deren Einstellung mit den Gruppenprozessen und dem Erleben und der Bewertung derselben korrespondiert.

Für diese Arbeit habe ich zehn Männer interviewt, die schon Männergruppen geleitet haben, darunter zwei Paare, die die Gruppen zusammen geleitet hatten. Die Männer sind zwischen 28 und 41 Jahre alt, sechs sind Diplompsychologen, zwei Ärzte, zwei Soziologen. Die Psychologen und Ärzte haben Zusatzausbildungen oder Erfahrungen in verschiedenen Therapierichtungen.

Männergruppen sind, das lässt sich bezüglich der Berufsgruppen sagen, Feld der Sozialen Arbeit im Allgemeinen und nicht speziell der Sozialarbeit/Sozialpädagogik. Je nach Ausrichtung der Gruppe können verschiedenen Ausbildungen, auch Zusatzausbildungen, als Grundlage für die Leitung einer Männergruppen sinnvoll sein. Ich setze mich in dieser Arbeit fachübergreifend mit der Thematik auseinander, da eine Abgrenzung gar nicht möglich ist.

Die von den interviewten Männern geleiteten Gruppen fanden zwischen 1979 und 1983 statt. Soweit ich es in Erfahrung bringen konnte, fanden in Berlin in diesem Zeitraum ca. 20 geleitete Männergruppen statt.[4] Nach Väter- und Sterilisationsgruppen habe ich nicht geforscht.

Die meisten Männer ließen sich bereitwillig befragen und hatten auch ein Interesse an einem Austausch, lediglich ein Mann bekundete sein Desinteresse an einem Interview und die Leiter der KommRum-Gruppe meldeten

---

[4] 3 Männerseminare am PI der FU, 2 Männergruppen an Fortbildungsinstituten, 2 Gruppen an Volkshochschulen, 2 Gruppen beim SMD, 7 Gruppen bei den Pro Familia Beratungsstellen, eine im KommRum, eine im Legasthenie-Zentrum

sich leider trotz Zusage nicht wieder bei mir. Mein Anliegen war es nicht, Männer über ihre Gruppen auszuquetschen, die selbst keine Lust (mehr) dazu haben, Auskunft zu geben. Die Ergebnisse eines unfreiwilligen Interviews wären ohnehin kaum aussagefähig. Mit Ausnahme von zwei Männern befragte ich die Leiter mittels eines Stichwort-Fragenkatalogs, ohne fest formulierte Fragen zu stellen. So konnte ich den Gesprächsverlauf etwas flexibel halten und trotzdem jeweils die gleichen Themen und Fragen ansprechen. Es ging mir nicht um statistisch auswertbares Material, sondern um Anhaltspunkte dafür, was in Männern und Männergruppen vorgeht, die sich meiner direkten Kenntnis entziehen.

Dabei habe ich auch Anregungen bekommen, meinen Emanzipationsbegriff zu erweitern und zu differenzieren. Primär habe ich die Männer aber meinem Konzept folgend befragt und deswegen auch weitgehend Antworten erhalten, die auf mein Denksystem bezogen sind. Und ich werde die Antworten auch nach meinen Kriterien auswerten. Ich habe nicht den Anspruch, den Männern in ihren Vorstellungen, Ansprüchen und Wünschen im Einzelnen gerecht werden zu können. Mein Vorgehen ist insofern subjektiv, und das will ich nicht durch Methoden der Objektivierung verschleiern. Ich behaupte auch, dass weit umfangreichere Untersuchungen mit ausgefeilten statistischen Methoden auch nur Ergebnisse enthalten, die im Kern schon in der Fragestellung enthalten sind.
Ich möchte auch aus meiner emotionalen Verstrickung in das Thema keinen Hehl machen. Devereux belegt mit viel Material, wie diese Verstrickung zum Fallstrick der 'Wissenschaft' werden kann, wenn sie nicht mit einbezogen wird: "Es genügt, in diesem Zusammenhang an die Probleme zu denken, mit denen beispielsweise ein Anthropologe konfrontiert sein mag, der verpflichtet ist, von seinem schmalen Einkommen seine alten Eltern zu unterstützen, und zufällig einen Stamm unter- sucht, wo die Sohnespietät es verlangt, dass man die alten Eltern tötet.[13] Mit den Thema Männer mag es vielen Männern genauso gehen, mann liest auch nicht so gerne die männerfeindlichen Ideen eines Jungakademikers, selbst bemüht, ein richtiger Mann zu sein.

Die meisten Widerstände von Institutionen gegen Männergruppen gab es beim Gesundheitsamt. Von den Volkshochschulen Berlins war nur eine bereit, Männerkurse anzubieten (abgesehen von den 'Männerforen' für schwule Männer). Bei der Pro Familia gab es zunächst keine Bedenken gegen Männergruppen, bis dann anscheinend den dort arbeitenden Frauen der Verdacht aufkeimte, diese Gruppen könnten frauenfeindlich sein. Ein von den Männern gefordertes Konzept wurde nie zur Zufriedenheit der Frauen, der großen Mehrheit bei Pro Familia, erstellt, so dass dort schon längere Zeit keine Männergruppe mehr stattfand. Widerstände der Institutionen scheinen grundsätzlich überwindbar, insbesondere dann, wenn Gruppenarbeit als Methode der Sozialarbeit grundsätzlich vom Träger gefördert wird.

Die Dauer der Gruppen war sehr unterschiedlich. Die Seminare liefen zunächst jeweils ein Semester, danach z.T. weiter als ungeleitete Gruppe. Die VHS- Kurse umfassten zwölf Abende à zweieinhalb Stunden, bei einem Teilnehmerbeitrag von DM 2,60 (1,30). Die Pro Familia - Gruppen dauerten zwischen sieben Abenden plus Wochenende bis zu 20 Sitzungen à zwei Stunden. 1er Beitrag schwankte zwischen DM 15,- und DM 30,- pro Abend, was auch davon abhing, ob die Gruppe allein oder zu zweit geleitet wurde. Die teuerste Gruppe lief zum Zeitpunkt des Interviews bereits seit einem guten halben Jahr bei einem Beitrag von DM 40,-/ 2 1/2 Std. als reine Therapiegruppe. Eine solche Gruppe ist längst nicht mehr für jeden erschwinglich. Alle anderen Gruppen wurden primär als Selbsterfahrungsgruppen beschrieben, mit mehr oder weniger therapeutischer Ausrichtung.

Die Teilnehmer der geleiteten Gruppen unterscheiden sich deutlich von denen der Selbsthilfegruppen; abgesehen von den PI-Seminaren waren die Studenten weit in der Minderzahl, und auch Berufstätige aus dem sozialen Sektor waren nicht stark überrepräsentiert. Allerdings können fast alle Teilnehmer der Mittelschicht zugeordnet werden, nur bei den VHS-Kursen konnten auch Arbeiter unterer Schichten angesprochen werden. Die wurden dann aber durch den Gruppenprozess hinausgedrängt. Das Alter schwankte zwischen Mitte zwanzig bis Ende dreißig.

Wichtig für die Möglichkeit von geleiteten Männergruppen ist die Frage, wie und wo interessierte Männer erreicht werden können. Bei der Pro Familia konnten z.T. Männer in der Partner- und Sexualberatung für eine Männergruppe interessiert werden, beim SMD entstand eine Gruppe als direkte Reaktion auf die Frauengruppe aus den Partnern der Frauen. Diese Gruppe wurde von einer Psychologin und einem Arzt geleitet und ist deswegen nicht im strengen Sinne eine Männergruppe; die Anwesenheit auch nur einer Frau, auch in der Leiterrolle, kann völlig andere Aspekte in die Gruppendynamik einbringen, z.B. Konkurrenz um ihre Zuneigung oder Anerkennung, Hemmungen, Fantasien über Frauen zuzugeben, usw. Ich beschäftige mich ausschließlich mit Männergruppen, ohne damit etwas über Sinn oder Unsinn der auch von Frauen geleiteten Gruppen aussagen zu wollen.

Alle anderen Gruppen und Kurse sprachen die Männer über Anzeigen in den Stadtzeitungen, durch Aushänge und durch Mundpropaganda an. Fast immer stellte sich das Problem, genügend Männer zu finden. Eine Nachfrage ist zwar vorhanden; zum einen ist die Schwellenangst von grundsätzlich interessierten Männern doch noch äußerst hoch, vor allem dann, wenn Männer noch keine Erfahrungen im 'Psychosektor' gemacht haben. Je nach Institution kann aber die Schwelle reduziert werden. So wird z.B. die Seriosität des Anbieters SMD, als bezirkliche Beratungsstelle, einigen Männern das Kommen erleichtert haben. 'Szenemänner' werden durch das Amt wohl eher abgeschreckt. Zum anderen wissen viele Männer überhaupt nichts von der Existenz von Männergruppen oder sie wissen nicht, was da abläuft und sind deswegen schwer ansprechbar.

Im Folgenden möchte ich nun darstellen, welche Zusammenhänge und Vermutungen sich für mich aus den Interviews ergeben. Zunächst fällt auf, dass am positivsten über die Gruppe die Leiter berichten, die sich selbst klar als Therapeuten definieren: Martin und Karl, Werner und Hans.[14] Die anderen befanden sich mehr oder weniger in einem. Rollenzwiespalt zwischen Teilnehmer und Leiter, dieser Zwiespalt wirft viele Probleme auf. Werner sagt, dass er in einer Männerrolle nicht so konsequent die Therapeutenrolle übernennen könne und wolle wie in einer gemischten Gruppe, weil das Mann-Sein ihn mit den Teilnehmern verbindet.

Der Rollenzwiespalt führt bei verschiedenen Männern zu verschiedenen Konsequenzen. Thomas, der sich nicht hinter einem 'therapeutischen Gewand' verstecken will, der sich als 'genauso einen' Mann bezeichnet wie die Teilnehmer und der das Mann-Sein in besonders dunklen Farben malt, ist sehr frustriert. Alex ist dagegen davon überzeugt, dass Männer emotional schwächer sind als Frauen, und er fühlt sich den Männern gegenüber annehmend, und er ist nicht so arg frustriert. Eine negative Identifizierung mit dem Mann-Sein scheint die Identifizierung mit den Teilnehmern zu erschweren. Eine besondere Rolle spielt dabei die Selbstwahrnehmung der eigenen unterdrückenden Anteile: Wer sich das eigene Unterdrücker-Sein eingestehen kann - und das hat nichts mit 'mea culpa' an die Brust schlagen zu tun - muss sich mehr von den Männern distanzieren, die sich das (noch?) nicht eingestehen können: Die Ignoranz dieser Männer scheint eine Bedrohung zu sein.

Die Konfrontation mit diesem Problem kann Frust oder auch den Abbruch der Gruppe bewirken (bei Thomas und Frank), kann aber auch Machtfantasien in Gang setzen, wie man diese Männer vielleicht doch, gegen ihren Willen und Widerstand, ändern könnte. Peter überlegt sich, eine Therapieausbildung zu machen, Hans will die nächste Gruppe stärker strukturieren. Hans berichtet auch, dass er die Beziehungsproblematik mit Frauen oft in die Gruppe hineintragen musste, um das Männerverhalten zu Frauen überhaupt zu problematisieren.
Therapeuten scheinen sich durch das Schaffen eines wertfreien Raumes - in dem z.B. auch Vergewaltigungswünsche als offen geäußerte Gefühle erstmal o.k. sind - besser von den sozialen Implikationen der Männerproblematik distanzieren zu können. Im therapeutischen Prozess geht es nicht um gut oder schlecht, unterdrückend oder emanzipiert, sondern um die Offenlegung und das Zulassen all dessen, was da ist. Erst im weiteren Verlauf ist es dann von Bedeutung, ob ein politisches Konzept mit der Therapie verfolgt wird.

Das heißt dann, dass mehr eingegriffen wird, wie Hans es tut, während Martin und Karl z.B. keinen politischen Anspruch verfolgen und die Männer - nicht nur therapeutisch - 'so sein' lassen können. Martin und Karl lassen sich von den Wünschen und Zielen der Teilnehmer leiten, sind dabei nur be-hilflich, während sie ihre eigenen Wertungen nach Möglichkeit raushalten wollen.

Es fällt auch auf, dass die therapeutisch ausgerichteten Leiter weniger politische Ziele in der Gruppe verfolgen als die Soziologen. Es sei denn, mann hält Therapie an sich für ein Politikum. Werner weist auf die politischen Implikationen der These hin, dass heute der 'Normalmann' therapiebedürftig ist.

Problematisch scheint es zu sein, solche Gruppen öfter und über einen längeren Zeitraum anzubieten. Die Männer mit den meisten Erfahrungen (Thomas: Vier Gruppen, Dirk und Peter: drei Gruppen) sind am meisten enttäuscht und frustriert und sehen keinen Sinn mehr darin, weiter Gruppen anzubieten. Norbert und Dirk berichten vom Verlust an Spontaneität und Authentizität ab spätestens der dritten Gruppe. Die Entfernung zu den Männern, die neu anfangen, über ihr Mann-Sein nachzudenken, wird immer größer und kann nicht ohne weiteres überbrückt werden. Entsprechend wurde dann auch Kritik an diesen Leitern geübt.

Welche Energie konnte auf Dauer motivieren, solche Gruppen anzubieten? Oder ist das gar nicht sinnvoll, sollten eher möglichst viele Sozialarbeiter, Psychologen, Soziologen, Ärzte u.a. mal eine oder zwei Männergruppen anbieten? Der Frust scheint auf Dauer auch bei Therapiegruppen einzutreten, mehr jedenfalls als in gemischten Gruppen.

Alex, Hans, Martin und Werner erwägen oder sind schon entschlossen, demnächst eher (wieder) eine gemischte Gruppe anzubieten. Die Vermutung liegt nahe, dass Frauen eine Energie in die Gruppe bringen, die in reinen Männergruppen fehlt. Das kann einerseits mit der besseren Fähigkeit von Frauen, emotionale Wärme zu geben und auszustrahlen, zu tun haben, durch die das Gruppenklima angenehmer wird. Dirk und Peter berichten, dass insbesondere bei abstrakten Diskussionen, z.B. über Politik, eine kühl-rationale

Atmosphäre herrschte. Andererseits knistert in gemischten Gruppen auch mehr erotische Spannung, die in Gruppen vorwiegend heterosexueller Männer weitgehend blockiert ist. Peter und Thomas meinten, dass sie den Anspruch, schwul werden zu müssen, teilweise schon hatten, dass sie ihm aber nicht nachkommen konnten. Die Thematik war - auch bei Hans und Dirk - also schon im Kopf, die Energie aber durch aufgesetzte Ansprüche, Ängste oder sonst was blockiert.

Ich behaupte, dass die durch die Blockade erotischer Energie ausgelöste Frustration nicht so leicht als solche eingestanden wird und auf andere Faktoren projiziert wird. Einige Männer brachten Körperübungen in die Gruppe ein, einer Möglichkeit, die Energie zumindest ansatzweise ins Fließen zu bringen. Thomas stieß dabei auf große Widerstände und Homosexualitätsängste in der Gruppe. In den VHS-Kursen entstanden Konflikte um die Körperübungen, auch in Zusammenhang mit Schwulsein. Die These eines Teilnehmers, Männerprobleme hingen eng mit den verdrängten schwulen Teilen zusammen, wurde rigoros abgelehnt. Ich hatte es demnach auch sehr schwer, meine Annahme von der blockierten sexuellen Energie in einer solchen Gruppe einzubringen. Die Vorbehalte gegenüber Schwulsein sind in geleiteten Gruppen wesentlich größer als in Selbsthilfegruppen, in denen manchmal Schwulsein schon als chic gilt.

Mit einem verdacht über die Funktion von geleiteten Männergruppen, insbesondere Therapiegruppen, bin ich schon in die Interviews hineingegangen und habe die Männer gezielt danach gefragt: Haben diese Gruppen evtl. eine Ersatzmutterfunktion? Mein Verdacht ging in die Richtung, dass die von Frauen verweigerte Mütterlichkeit aus der Gruppe gesaugt wird, ohne dass die eigene emotionale Unselbständigkeit angetastet wird. In Selbsthilfegruppen besteht diese Gefahr kaum, denn die Männer müssen erstmal ein emotional warmes Klima schaffen, sie können nicht nur saugen. In der angeleiteten Gruppe ist aber einer da, der dafür bezahlt wird, dass er gibt. Und dieses Geben besteht - vor allem in der Therapie – im Herstellen eines wertfreien Raumes, eines vertrauten Klimas, im "Impuls, die Männer voreinander zu beschützen" (Werner). D.h. Ersatzmamis Therapeuten sind selbst oder machen die Gruppe dazu.

Fast alle Männer bestätigten, dass die Teilnehmer ein großes Bedürfnis nach Geborgenheit haben. Thomas fühlte sich dadurch ausgenutzt, Frank hat deswegen aufgehört; Hans und Werner deuteten dieses Bedürfnis therapeutisch als Regressionswunsch, der erst in einer späteren Phase der Gruppe befriedigt werden könne, wenn Vertrauen in der Gruppe sei. Zwei Umgangsweisen mit diesem Wunsch erscheinen möglich, um ein Aussaugen der Gruppe durch die Teilnehmer, ohne dass diese sich ändern müssen, zu verhindern:

- entweder wird die Mütterlichkeit in der Gruppe so verweigert, dass die Männer sich selbst emotionale Wärme geben müssen. Das kann z.B. auch durch die Konfrontation der Männer mit ihrem Männerverhalten, ihrer Kontaktvermeidung, ihrer Gefühlsblockierung von Seiten des Leiters geschehen.

- oder die Regression wird in einem therapeutischen Rahmen zugelassen, um alte unbefriedigte Wünsche nach Nähe und Geborgenheit und die mit deren Zurückweisung verbundenen Schmerzen hochkommen zu lassen und um dann im Prozess neue Möglichkeiten für die Befriedigung zu entwickeln, die Abwehr und Angst vor diesen Bedürfnissen loszulassen: emotional erwachsen zu werden.

Alex und Andreas hatten verschiedene Rollen in der Gruppe: Alex als annehmender, mehr mütterlicher Typ, Andreas als konfrontierender Vater. Die Sympathie wechselte erstaunlicherweise von Alex zu Andreas Steckte darin schon der Keim emanzipatorischer Veränderungen? In den Gruppen von Dirk und Peter, in denen z.T. eine weniger behagliche Atmosphäre vorherrschte, war die Gruppenschrumpfung am größten. Eine Mischung aus annehmender Akzeptanz und kritischer Konfrontation scheint den Prozess am produktivsten voranzutreiben, abgesehen mal von einer vollständigen therapeutischen Durcharbeitung der frühkindlichen Konflikte.

Nach Auskunft der Leiter sind fast alle Männer fremdmotiviert in die Gruppe gekommen, und zwar durch Druck, Verweigerung oder

Unterstützung von Frauen, oft auch speziell durch deren Frauengruppen aufgeschreckt. Auch die Benutzung der Gruppe als Aushängeschild (Thomas) oder Alibi (Martin, Karl) wurde erwähnt. Die Eigenmotivation wurde oft erst im Laufe der Gruppe sichtbar oder entstand in der Gruppe. Sehr viele Männer, vor allem die Klienten der Pro Familia und des SMD, leiden unter sexuellen Problemen, vorzeitiger Samenerguss, Erektionsschwierigkeiten und Verweigerung der Frauen. Martin und Karl behaupten, dass die doppelte Anforderung von Frauen: "Sei kein Macker, aber befriedige mich!" die Männer so unter Druck setze, dass sie "versagen". Ich sehe keinen zwingenden Widerspruch zwischen den beiden Forderungen. Ich denke eher, dass Männer unfähig sind, auf Forderungen emotional zu reagieren. Sie schneiden ihre Gefühle ab, reagieren rational, mit dem Kopf, und der Kopf versucht, dem Körper eine Leistung abzuverlangen. Und das klappt - zum Glück - gerade in der Sexualität meistens nicht.

Zur Entwicklung der Motivation und zum Wunsch nach Veränderung bei den Teilnehmern sagen Alex und Thomas, der Wunsch nach Veränderung sei oberflächlich, bei Schmerzen oder Angst werde schnell aufgegeben. Mann wolle eher Trost finden und verstanden werden, so wie mann ist, anstatt selbst zu verstehen, was mann (geworden) ist und auch für Kritik offen zu sein. Hans glaubt, dass viele Männer möglichst schnell ihre Krise meistern wollen.

Martin, Karl und Werner, die Leiter der 'therapeutischsten' Gruppen schätzen die Entwicklung anders ein. Zwar sehen auch sie die anfänglichen Ängste vor der Veränderung, Martin und Karl haben aber den Eindruck, manche Männer wollten ihre Veränderung erkaufen. Aber im Laufe des Prozesses stiege die wirkliche Motivation an bzw. entstehe sie erst richtig. Werner behauptet, das Risiko, die Gruppe nur als Alibi zu benutzen, sei zu hoch. Dafür passiere dort zu viel. Ich vermute, dass andere Gruppen nicht bis zur Eigenmotivation durchgedrungen sind. Solange das nicht der Fall ist, haben die Männer natürlich keine Lust, Schmerzen zu erleben. In den VHS- Gruppen hatte das eine Selektion zur Folge, so dass nach Aussage von Dirk die Dabeigebliebenen sich schon verändern wollten, die anderen seien ausgestiegen. Ob bei den Dabeigebliebenen aber die Motivation. im Laufe des Kurses angestiegen ist, bleibt fraglich.

In den Therapiegruppen scheinen schon qualitative Veränderungen möglich zu sein. Aus dem Wunsch z.B., die kaputte Sexualität quasi flicken zu lassen, wird ein Verantwortung-Übernehmen für die eigene Sexualität, wird das Gewahrsein seiner selbst in seinem So-Sein und ein Verständnis, auf dessen Boden dann neue Wünsche aufkeimen können.

Martin, Karl, Thomas und Hans sahen Bündnisse zwischen der. Teilnehmern, die sich direkt oder indirekt gegen Frauen richten. Während Hans den Impuls hatte, solche 'Solidarität' unter Männern zu verhindern, wollten Martin und Karl die Männer darin unterstützen, sich bspw. gegen die Forderungen von Frauen zu wehren: "Ich therapiere nur den, der hier ist ", sagte Karl. Dahinter steht ihr Konzept, nach dem ein Patriarch einen Mangel an Persönlichkeit hat und die Unterdrückung der Frau dem Mann nur schadet. Dass dieses Konzept einige Ebenen, auf denen die Männer sehr wohl profitieren, ignoriert, sollte aus dem Gesagten bereits deutlich geworden sein.

Mit dem Begriff 'Emanzipation' konnten die meisten interviewten Männer nicht viel anfangen. Die expliziten Zielvorstellungen bezogen sich meist auf das Zulassen von Gefühlen, von größerer Offenheit, auf den Austausch von Persönlichem unter Männern, auf die Übernahme von Verantwortung der Männer für ihr Leben. Nur Hans benennt die Schwierigkeiten einer Männeremanzipation, die durch die Machtausübung der Männer entstehen.
Indirekt vermitteln die Männer aber doch, wie sie zur Emanzipation stehen. Teile davon werden von einigen angestrebt, vor allem das Zulassen von Gefühlen und von Nähe zwischen den Männern. Von der Frauenbewegung grenzen sich alle mehr oder weniger ab. Das reicht von der Erkenntnis, seinen eigenen Weg finden zu müssen bis zu der Überheblichkeit von Alex, lieber mit Frauen zusammen sein zu wollen, die "soweit" sind, Männer nicht mehr grundsätzlich ablehnen zu müssen.

Männersolidarität wird von einigen Leitern begrüßt, auch wenn sie sich evtl. gegen Frauen richten könnte. Ich traf kaum auf Männer, die die Männergruppe mit explizit emanzipatorischem Anspruch leiteten. Ist das vielleicht gar nicht möglich? Ist der Emanzipationsbegriff dieser Arbeit auf geleitete Männergruppen überhaupt übertragbar? Erfordert das Engagement für Männer, die (noch?) kein direkt emanzipatorisches Interesse haben, eine Solidarität mit ihnen, die die Idee der Emanzipation erstmal außer Kraft setzt? Die Schwierigkeit scheint darin zu bestehen, einen Emanzipationsbegriff, der von subjektiven Bedürfnissen, von der Motivation ausgeht, auf andere übertragen zu wollen. Bevor ich aus dieser Schwierigkeit Konsequenzen ziehe, möchte ich den Verlauf der SMD - Männergruppe beschreiben und detaillierter untersuchen, in welche Richtung der Gruppenprozess ging.

21. Die SMD - Männergruppe

Zum ersten Treffen erschienen elf Männer, von denen beim zweiten Mal acht wiederkamen und sich verbindlich für die weiteren sieben Sitzungen anmeldeten. Der Kostenbeitrag betrug DM 12,- für je zwei Stunden. Das Alter der Männer lag zwischen 24 und 38 Jahren. Zwei wesentlich ältere Männer, ca. 50 und 65 Jahre alt, kamen beim zweiten Treffen nicht wieder. Ich fand es überhaupt erstaunlich, dass diese Männer sich für eine Männergruppe interessierten; sie waren, durch den Abdruck unserer Pressemitteilung in der 'BZ' auf die Gruppe aufmerksam geworden.
Die Männer waren Facharbeiter, Ingenieur, Lehrer, Masseur, Jurist; ein Student war dabei. Dur wenige hatten Vorerfahrungen mit Selbsterfahrung oder Therapie, für die meisten war es der erste Anlauf, etwas in diese Richtung für sich zu tun.

In der ersten Sitzung ging es vor allem um die Erwartungen und Hintergründe, mit denen die Männer gekommen waren. Fast alle Männer deuteten an, dass sie Schwierigkeiten mit ihrer Frau oder Freundin haben oder mit Frauen überhaupt. Keiner bezeichnete sich als schwul oder erzählte von Männerbeziehungen. Die Schwierigkeiten mit Frauen wurden als Trennungsprobleme und Probleme mit wachsender Selbständigkeit der Frau dargestellt. ein Mann erzählte spontan, er habe öfter Lust mit seiner Frau zu schlafen als sie mit ihm. Ansonsten wurde vor. sexuellen Problemen zunächst nichts erwähnt. Besonders aus dem Rahmen fielen die beiden älteren Männer. Einer sagte "Mein Problem kenne ich, ich habe den Madonna-Huren- Komplex" und erzählte dann, dass er öfter mit jüngeren Frauen schläft, seiner Frau das aber nicht sagt. Sie sei 'anständig' und würde sich dann von ihm trennen. Der andere hatte "medizinische Probleme" mit der Wirbelsäule und erkundigte sich, ob es einen Facharzt für sexuelle Fragen gebe. Er hatte den Verdacht, dass sein Leiden mit seinen starken Trieben zu tun haben könnte. Auch auf Nachfragen wurde nicht so recht deutlich, was sein Interesse in der Gruppe war.

Was die Erwartungen an die Gruppe betrifft, wollen fast alle Männer sich über Beziehungsprobleme austauschen, um zu sehen, wie es anderen Männern damit geht. Sie haben schlechte Erfahrungen mit Männern gemacht oder keine Freunde, mit denen sie darüber reden könnten. Einer sagt, er wolle "...die kollektive Erfahrung machen, dass er doch nicht so doof ist" wie Frauen behaupten. Ein anderer will die Rückmeldung von anderen Männern, was mit ihm los ist. Ein weiterer hat 'Kontaktschwierigkeiten'. Nur ein Mann berichtet nicht direkt von Schwierigkeiten, sondern äußert den Wunsch, Emotionales mit Männern zu bereden.

Im Laufe der ersten Sitzung werden des Öfteren Wünsche nach Emotionalität in der Gruppe geäußert. Was mir an der Vorstellung der Männer auffiel, war, dass zwar fast alle von persönlichen Problemen erzählten, wegen denen sie gekommen waren, es aber vermieden, den Eindruck von Hilfsbedürftigkeit zu erwecken. Und fast alle 'wussten genau', was ihr Problem ist und äußerten nicht die Erwartung, sich in ihrer Problematik besser selbst wahrnehmen zu lernen oder zu erfahren, obwohl das doch der Sinn einer 'Selbsterfahrungsgruppe' ist, als die wir die Gruppe angeboten hatten.

Nach Ende der Vorstellungsrunde entstand Unruhe und der eintretenden Unsicherheit, wie es weitergeht, wurde mit der Frage nach den Regeln begegnet. Nachdem Gerd, der Gruppenleiter und Therapeut, nicht bereit war, Regeln aufzustellen, sondern betonte, es gehe erstmal darum, sich etwas zu erlauben, wurde die Frage nach der Art der Leitung gestellt. Ich erzählte von meinem Zwiespalt als Praktikant und Initiator der Gruppe einerseits und der mangelnden Ausbildung als Gruppenleiter oder Therapeut andererseits. Gerd sagte, er stelle seine Arbeitskraft als Psychotherapeut zur Verfügung. Die Rollenverteilung wurde vorher nicht klar festgelegt und diskutiert.

Die erste Sitzung habe ich ausführlicher dargestellt, da an ihr die Voraussetzungen der Gruppe gut ablesbar sind. Den weiteren Verlauf werde ich nach bestimmten Gesichtspunkten zusammenfassen.

Die Struktur des Gruppenprozesses entwickelte sich von einem Gesprächskreis immer mehr in Richtung einer gestalttherapeutischen Selbsterfahrungsgruppe mit viel Einzelarbeit. Gerd ging mit einzelnen Männern im therapeutischen Dialog mehr in die Tiefe. Für die jeweils an sich Arbeitenden war diese Methode sicher sehr intensiv. Die anderen konnten oft auch vieles auf sich beziehen, viele Probleme, Gefühls- und Denkstrukturen, die am Einzelnen deutlich wurden, waren der. anderen nicht unbekannt. Die Gruppe entwickelte euren diese Methode aber kaum eine eigene Dynamik. Gerd hatte nachher selbst die Assoziation von sich als dem Pol, um den das Karussell kreist. Dazu kam noch Gerds "Impuls, die Männer voreinander zu beschützen", der männertypische Gruppendynamik nicht so arg aufkommen ließ: Aggressivität, Konkurrenz, Distanzierungen kamen nicht so sehr an nie Oberfläche wie in Selbsthilfegruppen ohne Leiter. Wie sich nachher herausstellte kamen diese Aspekte mehr in den regelmäßigen Kneipenbesuchen der Teilnehmer nach den Sitzungen heraus. Durch Gerds Art, die Gruppe zu leiten, waren die Teilnehmer nicht so krass mit ihrem Männerverhalten konfrontiert.

Meine Rolle entwickelte sich immer mehr zu der eines Teilnehmers, nachdem in der dritten Sitzung sowohl mir als auch den Teilnehmern klar geworden war, dass ich in der mehr therapeutisch ausgerichteten Gruppe keine Leiterrolle übernehmen konnte. Ich reagierte auf meine Rollenunsicherheit, indem ich mich mehr und mehr raushielt, bis dann auch Unmut aus der Gruppe laut wurde. Einige fühlten sich durch mich als 'Beobachter' gestört, andere waren einfach interessiert, auch von mir etwas zu erfahren. Danach brachte ich mich mehr ein, ohne aber an meinen eigenen Problemen zu arbeiten.

Hauptthemen waren die Beziehungen zu Frauen, Frauenbilder, Eifersucht, Trennungsprobleme, Beziehungsmechanismen, später auch Sexualität.

In der dritten Sitzung malten alle Männer ein Bild von einer Frau als Landschaft. Es sollte eine Frau sein, die in ihrem Leben wichtig war oder ist. Die meisten Männer malten ihre jeweilige Partnerin. Die intensive Selbsterfahrung bestand darin, zu sehen, wie sehr mann selbst sich das Bild einer Frau schafft, wieviel mann selbst bestimmt, was mann an ihr wahrnimmt. So kamen in den Bildern von Frauen eine Menge Männerthemen zum Ausdruck. Drei Beispiele möchte ich ausführen:

a) Ein Mann malte eine wunderschöne, weite Landschaft, ohne Vordergrund und Hindernisse, die den Blick in die Ferne versperren könnten, er nannte sein Bild "die Frau an sich", er hatte sein Ideal von einer Beziehung zu einer Frau gemalt und meinte mit verklärten Augen, dass er das einmal haben werde, das wisse er.
In einer späteren Sitzung arbeitete er an seinen massiven Schwierigkeiten, Gefühle fließen zu lassen. Er wählte assoziativ einen Staudamm als Symbol für die Blockade seiner Gefühle und Körperströme. Zunächst ging er noch davon aus, dass seine Frau, die seit vielen Monaten jeden Körperkontakt mit ihm verweigerte, seine Ströme blockiert. In seiner Arbeit merkte er dann immer mehr, dass nicht sie den Staudamm vor seine Nase gebaut hatte, sondern dass und wie er den Staudamm ständig baut: mit seinen moralischen Normen, den Verboten, mit seinem schlechten Gewissen usw. Es ging darum, sich zu sehen, wie er ist und dafür Verantwortung zu übernehmen. In seinem Frauenbild hatte er das alles noch völlig ausgeblendet, es war nichts davon zu sehen.

b) Ein anderer Mann malte mitten durch das Bild eine halbhohe Mauer. Davor war ein ordentlicher Garten. mit gestutzten saunen und einer klassischen Säulenhalle, hinter der Mauer lag eine weite, hügelige Landschaft. Gerd forderte ihn auf, sich vorzustellen, auf der Mauer entlangzulaufen. Er wurde sehr erregt. Es wurde deutlich, dass er an der Grenze zwischen seinem Ordnungs-, Sicherheits- und Geborgenheitsbedürfnis, mit dem er sich zurechtstutzt, und seiner Sehnsucht nach Freiheit, die ihm Angst macht, entlangläuft. Das Bild von seiner Freundin war ein reines Selbstportrait.

c) Ein weiterer Mann malte eine Schlange, die sich selbst in den Schwanz beißt. In der Mitte war ein schwarzes Loch, von dem er sagte, dass er es nicht zu füllen wisse. Das machte ihm Angst und er krakelte quer über das

Bild, um diese Angst zu übermalen. Insgesamt ergab dann das Bild den Eindruck von einem großen Auge.

In einer späteren Sitzung erzählte er, dass seine Freundin ihn aufgefordert habe, ihre weibliche Sexualität wahrzunehmen. Bedeutet das Bild, dass er die weibliche Sexualität, symbolisiert durch die Schlange, so sieht, dass er sie durch Füllen des Loches, der Vagina, nie befriedigen kann?

Diese Beispiele illustrieren, auf welche Weise mit dem Medium Malen tiefe psychische Strukturen an die Oberfläche gebracht werden können. Dort werden sie offensichtlich. Nach der Phase der Gewahrwerdung dessen, was mann da sieht als Teil von einem selbst, werden diese Teile bearbeitbar und veränderbar.

Die erste Annäherung an das Thema Beziehungen zu Frauen, bei der anfangs jeder reihum von seinen Problemen erzählte, war noch in der Richtung verlaufen, dass immer mehr über Beziehungsideale gesprochen wurde als über konkrete Schwierigkeiten. In späteren Sitzungen wurde die Bereitschaft aber immer größer, sich auch mit dem Konkreten auseinanderzusetzen.

Das verlief dann in einem Rollenspiel z.B. so, dass ein Mann seine beiden Teile, seine 'allgemeine Person' und seine 'konkreten Bedürfnisse', gespielt als personifizierter Schwanz, ausspielen sollte. Das 'Allgemeine' saß dem Schwanz gegenüber und die beiden traten in Kommunikation, indem der Mann jeweils den Stuhl wechselte. In dieser Arbeit wurde die Schwierigkeit deutlich, in die 'Niederungen des Konkreten' - und das ist primär der Körper - hinabzusteigen.

Eine vorherige Sitzung begann so, dass ein Teilnehmer forderte, dass das im Aushang angekündigte Thema Sexualität nun auch mal beredet werde. Da ging also schon einiger Elan von den Männern aus, auch tiefer zu gehen. Dabei entstand dann ein offener Austausch über das Erleben des Orgasmus, einige Männer hatten Zweifel, ob Orgasmus und Samenerguss dasselbe ist oder ob sie überhaupt je einen Orgasmus hatten. Andere berichteten von ihrem Stress, die Frau möglichst gut zu befriedigen. Einige erzählten, dass sie immer zu früh 'kommen'. und andere berichteten, sie hatten öfter Lust auf Sex als die Frau. Ein Mann schilderte seine Reaktion darauf als Rückzug, den er antrete, damit seine Frau die aktive Rolle übernehme.

Bei all diesen Problemen ging der Prozess in die Richtung, wahrzunehmen, was mann selbst dazu tut, diese Probleme zu haben. Bei einem Mann z.B., der behauptete, seine Frau würde ihn nie anmachen, stellte sich in einer Übung heraus, dass er (auch?) von Gerd sehr schwer anzumachen war. Das war 'natürlich' nur bedingt vergleichbar und es kamen auch - das einzige Mal in acht Sitzungen - die Ängste vor Homosexualität zur Sprache: Als es konkret wurde und Gerd versuchte, ihn anzufassen, fiel die Klappe.

In anderen Sitzungen ging es darum, den Stress, unter den Männer sich setzen und der sich in Unruhe und Herzjagen äußerte, zu bearbeiten. Es stellte sich heraus, dass die meisten Männer mit Problemen so umgehen, dass sie sich Fristen setzen, bis wann ein bestimmtes Problem 'gelöst' sein muss. Dadurch soll wohl das Problem handhabbar werden. Aber je näher der Zeitpunkt rückt, desto mehr Stress haben sie.

Zum Problem für die Gruppe wurde auf die Dauer ein Mann, der sich kaum und nur auf Fragen an ihn einbrachte. In der therapeutischen Arbeit mit ihm fühlte er seinen Kopf als Bienenstock, in dem es ständig summt. Im Weiteren ergab sich der Zusammenhang seiner Kontaktschwierigkeiten mit der Maxime seiner Eltern: "Was drinnen ist, geht niemanden et- was an!"

Inwiefern können die beschriebenen Prozesse als emanzipatorisch bezeichnet werden?

a) Die Männer haben sich auf neue Weisen selbst erfahren und dadurch ihre Selbstwahrnehmung schärfen und differenzieren können. Dabei ging es vor allem um die Anteile, für die mann gewöhnlich und gerne andere verantwortlich macht; z.B. "meine Frau macht mich nie an" wird zu "ich kann mich schwer verführen lassen", "ich muss es ihr besorgen" wird zu "ich denke immer, dass ich etwas leisten muss", "meine Frau erfüllt meine

Erwartungen nicht" wird zu "ich habe ein so überzogen idealisiertes Frauenbild, dass ich mir von konkreten Frauen nur Enttäuschungen einhandeln kann". Indem mann sich selbst als Urheber seiner Probleme ansieht und Verantwortung dafür übernimmt, kann mann sich auch ändern. Mann wird Handelnder, nicht nur Behandelter.

b) Die Männer haben vor allem in Rollenspielen versucht, abgespaltene Teile ihrer Person, z.B. versteckte moralische Normen, 'konkrete' sexuelle Lust, Frauenbilder u.a. als eigenen Anteil zu sehen und zu reintegrieren. Durch die Integration dieser Teile eröffnen sich neue Identifikationsmöglichkeiten, z.B. mit seinem Körper als Lustspender.

c) Die Männer konnten erfahren, dass und wie sie in ihrer Kindheit, speziell auch durch ihre Eltern, so wurden wie sie jetzt sind: dass sie also auch Opfer von Verhältnissen waren und sind, dass aber dieses Opfer-Bein nicht bedeutet, dass mann nicht auch zum Handelnden werden kann und sich von Teilen der Persönlichkeit, die mann nicht mehr braucht, lösen kann.

d) Die Männer konnten neue Verhaltensweisen ausprobieren und die damit verbundenen Gefühle erleben; z.B. wie es ist, Männern offen von sexuellen Problemen zu erzählen, von Männern vorsichtig angefasst zu werden, wie wir es in einer Fallübung gemacht haben; wie es ist, sich mit seinem Schwanz zu identifizieren u.a. Durch die Ahnung dessen, wozu mann vielleicht doch fähig sein könnte, werden neue Wünsche frei.
Alle diese Prozesse sind emanzipatorisch. Aber sie fanden in einem Rahmen statt, in dem die emanzipatorischen Tendenzen durch den Therapeuten unterstützt und andere, wie z.B. das sich gegenseitig Deuten nach dem Motto: "Ich weiß, warum du da 'ne Macke hast!", weitgehend verhindert wurden, weswegen und auch weil die Gruppe nach acht Sitzungen gerade erst warm geworden war, vermag ich nicht einzuschätzen, inwieweit diese Prozesse in den Alltag übertragbar waren.

Ein deutlicher Motivationsanstieg war zu beobachten. Die Gruppe suchte sich selbst einen neuen Therapeuten, um weiterzumachen. Außerdem haben inzwischen fast alle eine Einzel- oder Paartherapie angefangen, zusätzlich zur Gruppe. Ein Mann war nach der vierten Sitzung nicht mehr gekommen. Für ihn waren die Sitzungen zu bedrohlich, als dass er sie danach hätte ohne Hilfe verarbeiten können. Er wurde aufgrund einer akuten psychischen Notsituation in einer Krisenstation aufgenommen und suchte danach nach einer intensiven Einzeltherapie.

In der Zwischenbilanz nach der achten Sitzung, für Gerd und mich die Schlussbilanz, bewerteten alle Männer die Entwicklung in der Gruppe positiv, aber auch als erst den Anfang einer Veränderung. Bis auf einen wollten alle mit einem leitenden Therapeuten weitermachen. Der eine suchte sich selbst eine ungeleitete Männergruppe. Ihm wurde unterstellt, er habe Angst, sich von einem Therapeuten "an die Hand nehmen zu lassen" und so mehr in die Tiefe zu gehen. Umgekehrt unterstellte er den anderen, sie seien autoritätsfixiert und könnten ihre Geschicke nicht selbst in die Hand nehmen. In diesem Konflikt spiegelt sich die Frage nach dem Verhältnis von Selbsthilfegruppen zu geleiteten Gruppen, die ich im folgenden Kapitel untersuchen möchte.

Was meine und Gerds Rolle in der Gruppe angeht, Gerd fühlte sich am Ende wesentlich wohler als ich. Ich vermute, dass die Therapeutenrolle es ermöglicht, Distanz und Nähe zu den Männern so herzustellen, wie man es braucht. Bei mir entstand im Laufe der Gruppe
immer mehr Negativität, die einzubringen ich keinen Weg gefunden habe. Obwohl (oder weil?) ich real mehr Distanz zu den Männern hatte, hatte ich mehr Schwierigkeiten, ihr So-sein erstmal zu akzeptieren. Vielleicht steckte dahinter auch meine Kränkung, die Leiterrolle nicht übernehmen zu können und darin nicht akzeptiert zu werden. Ich entdecke aber Parallelen zu den Aussagen in den Interviews: Mehr Rollensicherheit als klarer Therapeut erspart viel Frust.

22. Welche Bedeutung haben Männergruppen in der und für die Soziale Arbeit? Inwiefern sind sie emanzipatorisch?

1) Welchen politischen Stellenwert haben Männergruppen in der Sozialen Arbeit?

Sozialarbeit setzt traditionell dort an, wo Menschen in soziale Not geraten, hilfsbedürftig sind; z.T. will Sozialarbeit aber auch die Selbstbestimmung unterprivilegierter und diskriminierter Gruppen fördern. Sie übt dabei auch Kontrolle über die sozialen Gruppen aus, die an einer Umwälzung des Systems am meisten interessiert sein könnten. Ist es nun zu rechtfertigen, dass gerade den privilegierten Männern, die von ihren materiellen Bedingungen her weitgehend in der Lage sind, sich selbst zu helfen, geholfen werden soll? Kann die Sozialarbeit es sich erlauben, die zu unterstützen, die - zumindest zum Teil - die Macht haben und Träger von Unterdrückung sind?

Von sich aus würde Sozialarbeit gar nicht auf die Idee kommen, denn Männer fallen ihr eher durch ihre Abwesenheit in Beratungsstellen etc. auf. Heißt das, Männer seien nicht sozial auffällig? Männer sind im wahrsten Sinne A-soziale. Sie sind dabei, sich, ihre Umgebung, ihre Umwelt und schließlich alles Leben auf der Erde zu zerstören. Ihre Lebensweise ist für sie selbst und für andere äußerst ungesund. Ihre kommunikativen Fähigkeiten sind weit reduziert. Und im Inneren sind sie hilflose Babys geblieben, immer auf der Suche, wo's was zu saugen gibt. Reicht dieses Material nicht aus, zu belegen, dass viel eher alle Männer in die Therapie geschickt werden müssten, als dass sie kein Thema der Sozialarbeit sind?

Das Männerbild hat zwei Seiten. Auf der einen Seite ist er der Mächtige, auf Chefetagen, im Bundestag, in leitenden Positionen: fast alles Männer. Und auch auf der Straße: Frauen und Kinder werden gewarnt, nachts noch alleine über die Straße zu gehen. In der Familie, der 'Keimzelle unserer Gesellschaft', fängt's an zu bröckeln: Die Frau bringt nicht mehr gleich die Pantoffeln, wenn er nach Hause kommt, und die Kinder tun alles andere als ihn zu bewundern, der sich Tag für Tag abrackert, irgendwo, um dann zuhause matt vor der Mattscheibe zu hocken und an der Bierflasche zu nuckeln.

Wenn der Nachschub an physischer - und die ist noch leichter zu ersetzen - um psychischer Nahrung aus der Familie, speziell von der Frau, ausbleibt, geraten Männer in Krisen, die sich dann auch auf andere Bereiche ausdehnen können, und an diesem Punkt ist es möglich, einen Einblick zu bekommen, wie sie funktionieren, die Männer: wenn sie nicht mehr funktionieren. Die meisten Frauen kennen das schon lange. Uber ihren Anteil, das Spiel noch immer mitzuspielen, schreibe ich nicht. Aber sobald der Mann aus der Wohnungstür tritt, ist ihm nichts mehr anzumerken.

Männergruppen in der Sozialarbeit sind öffentliche Manifestationen männlicher Defizite. Die Öffentlichkeit ist jedoch noch von Männern beherrscht: "Warum leben Frauen langer?" fragt die ‚BZ' am 15.9.1983 mit großer Schlagzeile. Auf Seite 35 zitiert sie dann eine Wiener 'Studie', in der Thesen wie: "Männer arbeiten härter", oder: "Frauen sind widerstandsfähiger", gehandelt werden, nicht ohne dann den Frauen am Ende noch den Tipp zu geben, dass sie ihren Männern deutlich machen sollen, dass sie sie 'mit allen ihren Schwächen' lieben.
Privates von Männern nicht den Frauen zur Pflege anheim zu geben, sondern öffentlich zur Diskussion zu stellen, es als gesellschaftliches Problem und Risikofaktor ersten Ranges anzusehen, gegen das Soziale Arbeit angesagt ist, könnte politische Bedeutung haben. Es könnte all jene ermutigen, die schon länger Zweifel hatten, ob mit den Männern noch alles in Ordnung ist. Die Männer der SMD-Männergruppe waren ganz 'normale' Männer, nicht auffällig, keine Sozialfälle, leistungsfähig im Beruf, nur in einem Punkt unterschieden sie sich von anderen Männern: Sie waren nicht mehr bereit, länger an ihren persönlichen Schwierigkeiten zu leiden, die die Frauen durch ihre Verweigerung zutage gefördert hatten.

Es stellt sich also gar nicht die Frage, ob Sozialarbeit Männer als Privilegierte unterstützen sollte. Als Privilegierte sind Männer gar nicht an

Sozialarbeit und auch nicht an Männergruppen interessiert. Die Frage lautet eher, ob Männern dort, wo auch sie an Verhältnissen leiden, eine Möglichkeit zur Veränderung gegeben bzw. diese erleichtert werden sollte. Es geht bei Männergruppen in der Sozialarbeit nur um die Männer, deren Herrschaftsgebaren zumindest schon einen 'Knacks' erlitten hat oder so brüchig geworden ist, dass eine Motivation zu Veränderung vorhanden ist. Andere Männer kommen sowieso nicht. Es geht darum, das vorhandene Emanzipationspotential zur Entfaltung zu bringen, jawoll, Männer zum Aussteigen aus der Herrschaftsmaschine zu befähigen.

2) Männerarbeit muss von Männern ausgehen

Wie die Debatte über Männerarbeit bei Pro Familia Berlin gezeigt hat, muss es Männer geben, die sich dafür einsetzen. Wir können nicht von Frauen erwarten, dass sie uns aus der Unterdrückerrolle befreien. Wir können höchstens froh sein - jetzt bin ich in mancher Augen Masochist - wenn sie an uns die Teile bekämpfen, die sie und uns unterdrücken. Männerarbeit muss von Männern ausgehen!

Da stellt sich dann das Problem der Solidarität: Können Männer, die - immerhin - schon 'soweit' sind, das Problem der 'Männlichkeit' erkannt zu haben und etwas dagegen unternehmen wollen, sich mit Männern solidarisch fühlen, von denen sie zuerst gar nicht wissen, ob sie sich emanzipieren oder nur eine Krise bewältigen wollen, so, dass der Status quo erhalten bleiben kann. Die Grenze zwischen Freund und Feind geht quer durch alle Lager, ja quer durch die Körper der Männer, deren Panzer vielleicht einen Knacks hat, der aber dennoch als Panzer funktioniert und zur Unterdrückung befähigt. Mann ist also nur mit Teilen der Männer solidarisch, von denen ungewiss ist, ob sie eine Veränderung bewirken können. Hier gibt es keine allgemeine Lösung, und die Interviews haben gezeigt, wie verschieden Männer damit umgehen: auf dem Grad zwischen der eigenen Betroffenheit als Mann und therapeutischer Distanz. Trotzdem - obwohl ich auch damit Schwierigkeiten habe und lieber mit Männern zusammen bin, die genauso 'drauf' sind wie ich - finde ich es positiv und wichtig, wenn Männer

Männergruppen anbieten. Sollen die Männer doch zumindest mal 'ne Chance haben, wa?

3) Verschiedene Formen geleiteter Männergruppen haben unterschiedliche Bedingungen, unter denen sie auf die Emanzipation der Männer einwirken können,

a) Das Angebot eines Männergesprächskreises schafft nur einen Rahmen, der die Angstschwelle der Männer reduziert, miteinander über sich zu reden. Durch die Erfahrung, dass sie mit ihrem Leiden am Mann-Sein nicht allein dastehen, können Männer evtl. dem vorhandenen Wunsch nach Emanzipation konkret nachgehen. Eine solche Gruppe gibt im besten Fall den Anstoß für Prozesse, die in den Männern bereits schlummern und setzt Energien dafür frei, die durch das Gefühl der Isolation blockiert waren. Ein Gesprächskreis kann also nicht per se emanzipatorisch genannt werden.

b) Das Angebot von Selbsterfahrungsgruppen kann da schon gezielter wirken. Die Leiter machen Vorgaben an Themen und evtl. auch an Rollenspielen, Körperübungen u.ä. und unterstützen damit ganz bestimmte Prozesse und reduzieren andere. Wie die Interviewten berichten, findet dann eine Selektion statt, nach der nur die Männer übrigbleiben, deren Interessen die Vorgaben entgegenkommen. In das Verhaltensrepertoire der Männer wird direkt eingegriffen, wenn z.B. Männer über Sexualität reden, sich in einem Rollenspiel anfassen oder Körperübungen machen, in denen der Körper nicht Instrument, sondern Medium des Erlebens wird: Solche neuen Erfahrungen können das Selbstbild und die Identität als Mann verändern, indem sie Altes neu beleuchten, das Leiden daran erfahrbar machen und Wünsche nach Neuem entstehen lassen.
Es dürfte aber fraglich sein, ob durch Vorgaben auch Widerstände abgebaut werden können, die einer Veränderung entgegenstehen. Wenn die Widerstände zu groß werden, verlassen die Männer die Gruppe. Welche neuen Erfahrungen gemacht werden, hängt auch von der Intention und Motivation

des Leiters ab, die in die Vorgaben eingehen. Und es hängt von dem Stand des Emanzipationsprozesses des Leiters ab.

Ein Leiter z.B., der ihm selbst noch unbekannte Ängste vor Homosexualität hat, wird bestimmte Körperübungen nicht vorschlagen. Insbesondere vom Leiter hängt es auch ab, wer von dem Angebot angesprochen wird: "Dieser Kurs wendet sich an Männer, die sich im gängigen Rollenbild nicht wiederfinden wollen oder können und die Beschnittenheit ihrer Erlebnis- und Gefühlswelt durch Männlichkeitszwänge als veränderungsbedürftiges Defizit begreifen"[15] spricht als Ankündigungstext sicher andere Männer an als diese Formulierung: "In dieser Gruppe können Männer ihre spezifische Rolle in Partnerschaft und. Sexualität und die damit zusammenhängenden Konflikte besser wahrnehmen."[16]

Las Angebot von Selbsterfahrungsgruppen mit inhaltlichen und methodischen Vorgaben kann mehr sein als ein Anstoß zur Emanzipation, hat aber eine gewisse Motivation von Leiter und Teilnehmer zur Voraussetzung eines emanzipatorischen Prozesses.

c) Die therapeutische Selbsterfahrungsgruppe hat mehr Möglichkeiten, auch Widerstände der Teilnehmer zu bearbeiten und evtl. aus dem Weg zu räumen. Durch die Anwesenheit eines ausgebildeten Therapeuten kann, das Risiko von 'Ausklinks' eher eingegangen werden und somit wesentlich zentraler an der Persönlichkeitsstruktur gearbeitet werden. Die Interviews haben gezeigt, dass bei therapeutischen Selbsterfahrungsgruppen ein deutlicher Motivationsanstieg stattfand und dass Angst und Schmerzschwellen überwunden werden konnten. Durch die klarere Definition der Leiterrolle wirkt sich eine evtl. Diskrepanz zwischen Leiter und Teilnehmer nicht so sehr als Blockade aus.

d) Die reine Therapiegruppe dat die meisten Möglichkeiten, einen Emanzipationsprozess in Gang zu bringen. Die Schwelle, in eine solche Gruppe zu gehen, ist aber auch am höchsten. Andere Gruppen können auf dem Weg in die Therapie Station sein, wenn Männer nicht schon in anderen

Zusammenhängen - in der psychosozialen Ausbildung, in der Drogenthera-
pie, in der Psychiatrie oder sonst wo - mit Therapie in Kontakt gekommen
sind.

4) Männer und Therapie
Die Therapieform oder -richtung hat neben dem Leiter entscheidenden Ein-
fluss auf Prozess uns Ziel der Gruppen. Es würde den Rahmen dieser Arbeit
sprengen, auf verschiedene Therapieansätze näher einzugehen. Für die
Emanzipation geeignet sind grundsätzlich solche Therapieformen, die die
Entfaltung des Menschen und seiner sozialen Beziehungen zum Ziel haben,
also Ansätze aus der humanistischen Psychologie wie Encounter, Gestalt,
Bioenergetik.
Peter Michaelis und Patrick G. Estrade betonen beide, dass Therapie gerade
auch für Männer Emanzipation bedeuten kann. Michaelis sieht dabei drei
Widerstände der Männer gegen Therapie: "Hingabeangst", "Rivalitätsprob-
lem" mit dem Therapeuten und "Stärkeideal" als Verbot, Gefühle zu zeigen.[17] Diese Widerstände scheinen identisch oder ähnlich denen gegen
Emanzipation zu sein. "Aufgabe der Therapie ist es nun, den Männern zu
vermitteln, dass ihre Schwierigkeiten in direktem Zusammenhang stehen
mit diesem übertriebenen Männlichkeitsideal", meint Michaelis.[18] Das
Männlichkeitsideal ist nicht nur, wenn es übertrieben wird, sondern grundsätzlich Funktion der Unterdrückung! Auch die Formulierung von Estrade:
"Emanzipation in diesem Zusammenhang heißt Beseitigen der Irrtümer des
einzelnen, in denen er lebt."[19] legt den Verdacht nahe, dass sein Begriff der
Emanzipation zu kurz greift: Mit dem Beseitigen von Irrtümern ist noch
nicht viel gewonnen, die Widerstände liegen nicht hauptsächlich auf der
Verstandesebene. Die in der Therapie erreichbare Emanzipation kann nur
Teil eines gesamten Emanzipationsprozesses sein, der auch den Alltag, die
Beziehungen und die Arbeit mit umfasst. Therapeuten blenden die Dimen-
sion allzu schnell aus.

Therapiegruppen können gezielt und sehr tief auf alle individuellen Faktoren der Emanzipation Einfluss nehmen und sie verändern. Das heißt aber

nicht, dass die Emanzipation steuer- oder kontrollierbar wäre, sondern dass alle Voraussetzungen geschaffen werden können, an tiefste Bedürfnisse heranzukommen und dadurch auch an das Bedürfnis, in einer herrschaftsfreien Gesellschaft zu leben. Diese optimistische Grundauffassung von den tiefsten menschlichen Bedürfnissen lässt sich nicht an Zweifler vermitteln.

Das Problem der Übertragbarkeit stellt sich für Therapiegruppen in besonderem Maße: Im Gegensatz zu Selbsthilfe-Männergruppen können sie nicht Substanz des alltäglichen Lebens werden. Sie bleiben immer Inseln, da ihre Bedingungen nie denen der gesellschaftlichen Realität entsprechen: Gerade durch die Suspendierung dieser Realität entfalten Therapiegruppen ihre Möglichkeiten. Ein schwieriger Prozess der Übertragung neuer Erlebnisweisen in den Alltag muss stattfinden, bei dem es auch darum geht, die Umstände so zu ändern, dass neue Lebensformen lebbar werden. Der Prozess der Emanzipation muss die soziale Komponente der Emanzipation umfassen, wenn die Therapie nicht zum Ersatz für das Leben werden soll. Dann hätte nämlich die Therapiegruppe exakt sie Funktion einer Ersatzmama: Der durch die Verweigerung der Frau aus dem Gleichgewicht geratene Mann stellt ein neues Gleichgewicht her, indem er Geborgenheit und Emotionalität beim Therapeuten kauft. Die über Übertragung der Prozesse in den Alltag beinhaltet auch die Emanzipation vom Therapeuten.

Eine reine Therapiegruppe muss m.E. auch nicht unbedingt eine reine Männergruppe sein. Durch die gezielteren Möglichkeiten können die Funktionen der Männergruppe auch von gemischten Therapiegruppen übernommen werden, indem die geschlechtsspezifische Auseinandersetzung zum zentralen Bestandteil der Gruppe gemacht wird. Die gemischte Gruppe hat dann den Vorteil, dass Mann-Frau Konflikte auch direkt ausgetragen und bearbeitet werden können, Die Nachteile einer gemischten Selbsterfahrungsgruppe, z.B. die fortbestehende Fixierung auf die Emotionalität der Frauen, können direkt im therapeutischen Prozess bearbeitet werden.
Der Gefahr in gemischten Therapiegruppen, die aktuellen Diskrepanzen der Geschlechter und seine sozialen Folgen aus dem Auge zu verlieren, da sie

in der Therapiegruppe außer Kraft gesetzt werden, dieser Gefahr muss dann allerdings ins Auge gesehen werden.

5) Wann sind Männergruppen in der Sozialen Arbeit emanzipatorisch?

Nach der Erörterung der verschiedenen Bedingungen und Möglichkeiten verschieden geleiteter Männergruppen möchte ich nochmal auf die Frage zurückkommen, inwieweit der Emanzipationsbegriff dieser Arbeit auf Männergruppen in der Sozialarbeit anwendbar ist.

Emanzipation ist nicht steuerbar. Es gibt keine Garantie dafür, dass die Gruppen emanzipatorisch wirken. Sie geben eine Chance. Ob Männer diese Chance haben sollten, ist eine politische Frage.

Je intensiver die Einflussmöglichkeiten sind, desto größer wird das Problem der Übertragbarkeit in den Alltag. Diese Übertragung wird wohl hauptsächlich dort gelingen, wo die Veränderung des Alltags, der persönlichen Lebensbedingungen, mit der thera-peutischen Emanzipation Schritt hält.

Männeremanzipation ist kein steuerbarer Prozess zum Abbau von Männerherrschaft. Männeremanzipation ist eine Randerscheinung einer Gesellschaft, in der Frauen aufgebrochen sind und nicht mehr immer die ihnen zugedachte Rolle spielen. Soziale Arbeit kann bestenfalls versuchen, diese 'Randgruppe' zu verbreitern, indem sie Angebote für Männer schafft, die alleine noch nicht in der Lage sind, auszusteigen aus dem System der Unterdrückung, in das sie mit Leib und Seele verstrickt sind.

6) Die Konsequenzen für die Sozialarbeit sind:

a) Die Sozialarbeit muss endlich die 'männliche Problematik' als eine sämtliche sozialen Probleme durchdringende zur Kenntnis nehmen, wozu ich mit dieser Arbeit einen kleinen Beitrag leisten möchte.

b) Diese Kenntnisnahme sollte zunächst die Person des männlichen Sozialarbeiters, Psychologen etc. und seine Beziehungen zu den Klienten in Augenschein nehmen. D.h. sie sollte in der Aus- und Fortbildung Männergruppen anbieten, um den Männern in sozialen Berufen die Möglichkeit der Wahrnehmung ihrer Geschlechtsproblematik naher zu bringen.

c) Dann sollte auch der männliche Klient in seiner Männerproblematik gesehen werden. An deren 'Brennpunkten* im Bereich der Sozialen Arbeit, in den Bereichen sozialmedizinische Prävention und Partner- und Sexualberatung sollten Männergruppen angeboten werden, sofern sich Männer dafür engagieren.

d) Die Sozialarbeit sollte sich an der Veröffentlichung dessen beteiligen, wie es im Privaten um die Männer steht. Öffentlichkeitsarbeit und Männerkurse in der Erwachsenenbildung sind zu fördern bzw. einzurichten.

Die Sozialarbeit ist sicher nicht Zentrum dieser 'Randgruppe Männerbewegung'. Sie muss deshalb im Verhältnis zu den selbstständigen Männergruppen diese unterstützen, ohne sie durch die Professionalisierung unter Kontrolle zu bringen.

23. Das Verhältnis von Männergruppen in der Sozialen Arbeit zu Selbsthilfe-Männergruppen

1) An diesem Punkt stellt sich die Frage nach den Vor- und Nachteilen von Selbsthilfe- und geleiteten Männergruppen und den Bedingungen, unter denen die eine oder die andere angebrachter erscheint.

a) Zunächst spielt da das Geld eine Rolle. Einerseits können sich nicht alle Männer einen bezahlten Leiter leisten. VHS-Kurse sind noch für die meisten erschwinglich. Therapiegruppen für DM 10,- die Stunde oder mehr können sich nicht mehr alle leisten. Andererseits entsteht durch das Geld eine Verbindlichkeit, die in kostenlosen Gruppen meist unerreichbar ist. Wofür mann bezahlt hat, das lässt mann nicht so schnell ausfallen.[20] Was das Verhalten in der Gruppe angeht, können unterschiedliche Folgen eintreten. Die eine ist die Konsumentenhaltung[21]: Mann braucht nichts mehr für den Prozess zu tun, mann hat ja bezahlt ... Die andere Folge könnte die sein, dass mann gerade da, wo mann Geld ausgegeben hat, auch etwas rausholen will und sich um so mehr für den Prozess engagiert, um sich den ausgegebenen Betrag 'zurückzuverdienen'. Das Bezahlen von Geld macht die Emanzipation teilweise zur Ware, die Folgen des Warencharakters sollten prinzipiell in der Gruppe bearbeitet werden, denn sie sind in der Lage, den Prozess zu pervertieren, wenn z.B. nicht klar ist, dass und warum der Leiter Geld bekommt und die anderen bezahlen, obwohl doch alle Männer sind, wird eine Rivalität geschaffen, die abzubauen sich die Männer getroffen haben.

b) Dass geleitete Gruppen, insbesondere im Rahmen von bekannten Institutionen, die Chance haben, mehr und andere Männer zu erreichen, habe ich bereits ausgeführt. In Selbsthilfegruppen kann dagegen die Homogenität größer sein, da alle von selbst darauf gekommen sind, eine Männergruppe zu gründen.

c) In dem allgemeinen Rahmen von Selbsthilfegruppen spricht Moeller vom „Expertentum des Betroffenseins"[22] und behauptet, dass keine Anleitung nötig sei, über eigene Angelegenheiten zu sprechen.[23]

Männer, so scheint es, sind aber die schlechtesten Experten, was ihre eigene Psyche angeht, und sind kaum in der Lage, offen über sich zu reden: Das wollen sie in der Männergruppe gerade auch lernen. Eine Anleitung könnte hilfreich sein.

d) W. Hauer gibt zu bedenken, dass Kursgruppen länger zusammenöleiben, da die Teilnehmer euren Alter und stabilere soziale Bindungen länger bei einer Sache bleiben als Studenten, die ständig neue Leute kennenlernen und schneller andere Interessen entwickeln.[24]

e) Im Zusammenhang mit Spontaneität behauptet er, dass sie in Selbsthilfegruppen schneller gelernt werden könne als in geleiteten Gruppen, da die Selbstmobilisierung als Voraussetzung zur Veränderung größer sei und da die Männer sich als gleiche begegneten: In der Selbsthilfegruppe könne nicht von einem Leiter erwartet werden, dass er den Prozess in Gang bringt, jeder sei mitverantwortlich. Und unter gleichen könne eher Zuneigung entstehen.[25]

f) Für Selbsthilfegruppen spricht auch, dass sie wesentlich näher an der Realität orientiert sind als Gruppen in einer abgehobenen therapeutischen Situation. Sie sind eher ein Stück Alltagsleben und daher auch besser auf den Alltag übertragbar. Die in Selbsthilfegruppen erworbene "psychosoziale Kompetenz"[26] ist wesentlich realitätsnäher als die in der Therapie erworbene. Aus eigenem Wunsch einen Mann anfassen zu können, lernt man noch nicht durch die Berührung anderer Männer in Körperübungen, nach Aufforderung.

g) Die Gefahr der "Psychologisierung sozialer Probleme"^ besteht in Selbsthilfegruppen wie in Therapiegruppen. Eine einseitige Konzentration auf sie individuellen psychischen Verzerrungen bei gleichzeitiger Ignoranz der sie bedingenden sozialen Verhältnisse macht die Gruppe zur Kompensation statt Emanzipation.[27] Wenn Therapeuten ihren Lebensunterhalt mit den Gruppen verdienen, können sie leicht das Interesse daran verlieren, die Teilnehmer zur selbstständigen Emanzipation zu befähigen. Therapeuten haben ein materielles Interesse an der Psychologisierung, deswegen ist diese Gefahr im Auge zu behalten. Eine Abwehr kann aber nicht nur gegen die sozialen Komponenten der Emanzipation bestehen, sondern auch gegen die nach innen gerichtete psychologische oder therapeutische Arbeit.[28] Beides, individuelle und soziale Emanzipation, sind zu verbinden, da "... unsere Innenwelt und unsere Umwelt nur zwei Aspekte ein und derselben Wirklichkeit sind."[29] Moeller weist darauf hin, dass bewusstseinsverändernde Selbsterfahrungsgruppen sowohl sozialpolitische als auch therapeutische Ziele verfolgen können.[30] Therapeutische Gruppen klammern hingegen den sozialen und politischen Teil zunächst aus.

Das Abwägen von Vor- und Nachteilen der Selbsthilfe- und der geleiteten Gruppen führt zu keinem eindeutigen Ergebnis. Geleitete Gruppen haben dort ihren Sinn, wo Selbsthilfegruppen nicht stattfinden und auch nicht ohne weiteres initiierbar sind, und sie werden auch von Männern gewählt, denen die Auseinandersetzung in Selbsthilfegruppen zu flach wird, die tiefer an sich arbeiten und dafür auch Hilfe in Anspruch nehmen wollen.

2) Mischformern von Selbsthilfe- und geleiteten Gruppen
Es sind auch Mischformen zwischen Selbsthilfe und 'Therapie denkbar und möglich. So wurde von einigen Gruppenleitern von vornherein geplant, dass die Gruppe nach einer geleiteten Anfangsphase alleine weiterbestehen soll. Eine Selbsthilfegruppe könnte auch hin und wieder einen Therapeuten zu Rate ziehen oder zusammen mal ein Therapiewochenende machen.
Mischformen geraten aber leicht an den Rand des Missbrauchs des Selbsthilfeprinzips, vor dem Moeller warnt. Das gefährlichste Motiv für den Missbrauch sieht Moeller in der Absicht des Staates, "... Anstrengungen und Kosten auf dem Sektor des Gesundheitswesens einzusparen.[31] Als

157

"bedenkliche Motive, Selbsthilfegruppen zu fördern" auf Seiten privater Interessen, nennt Moeller folgende: "Selbsthilfegruppen können gefördert werden,

- um sich einen speziellen Kundenstamm als Absatzmarkt für bestimmte Waren heranzuziehen,
- um der eigenen privatwirtschaftlichen Therapieinstitution einen möglichst progressiven, bevölkerungsnahen Nimbus zu verschaffen, das heißt im Sinne eines Etikettenschwindels mit Selbsthilfegruppen für sich Reklame zu machen:
- um der eigenen therapeutischen Praxis eine 'lebende Warteliste' anzugliedern, die mit besonderen, professionellen Behandlungsmethoden verführt werden kann;
- um ein spezielles Konzept zu verbreiten, besonders wenn es indirekte Einnahmen verspricht;
- zum Schein, das heißt unter Verwendung des Namens 'Selbsthilfegruppe', um sie dann doch direkt anzuleiten und mit diesem Programm ein Geschäft aufzuziehen;
- nicht zuletzt deshalb, um für eine besondere spirituelle oder politische Überzeugung missionarisch tätig werden zu können." [31]

Demgegenüber kann es aber oft möglich und sinnvoll sein, aus Beratungssituationen heraus Selbsthilfe-Männergruppen anzuregen und in Beratungsstellen Kontaktstellen für solche Gruppen einzurichten.[32] Als Kontaktstellen kommen genau die Institutionen in Frage, die auch Männergruppen anbieten. Im Allgemeinen läuft das bisher nicht, da die Stellen kein konkretes Interesse an Selbsthilfegruppen haben. Männer, die ein Interesse an einer Verbreitung von Männergruppen haben, sollten dabei auch bestehende Institutionen nutzen, um die dortigen Klienten einzubeziehen.

Als besonders sinnvoll erscheint mir ein kombiniertes Selbsthilfe- und Therapiezentrum wie das KommRum in Berlin, in dem bereits geleitete und Selbsthilfe-Männergruppen stattfanden bzw. initiiert wurden und wo - je nach individuellen Gegebenheiten und Wünschen - von Selbsthilfe bis

Therapie alles geboten werden kann. Einmal im Monat findet dort auch ein Männerforum statt, das einen Austausch zwischen verschiedenen Gruppen ermöglicht. Die meisten Männergruppen wissen nämlich recht wenig voneinander.

Eine andere Form ist die in den USA und in Holland für Frauen- und Männergruppen, inzwischen auch für gemischte Gruppen angewandte 'Radikaltherapie'.[33] Die Gruppen werden zehn Abende lang unentgeltlich von zwei Männern begleitet, die selbst schon einmal an einer Radikaltherapie-Männergruppe teilgenommen haben und sich in der Lage sehen, Prinzipien und Gruppenregeln an eine neue Gruppe weiterzuvermitteln. Neue Teilnehmer versprechen, gegebenenfalls später auch neue Gruppen zu begleiten. Nach zehn Abenden müssen die Leiter die Gruppe verlassen, und zwar unter allen Umständen, da die Leiterrolle auf Dauer dem Prozess der Radikalen Therapie widerspricht. Die Sitzungen sind stark strukturiert und sollen eine Möglichkeit bieten, direkt und tief an Probleme heranzukommen. Das geschient durch verschiedene Mitteilungsrunden, einer ‚Arbeitsperiode', in der ein Teilnehmer im Mittelpunkt steht und seine Anliegen bearbeiten und dafür die anderen einspannen kann, und durch verschiedene andere Regeln, die die beiden Erfahrenen vermitteln. Auf internationalen Männertreffen wurde von großen Erfolgen dieser Gruppen berichtet.[34]

Es gibt noch mehr Zusammenhänge und Projekte, in denen die Auseinandersetzung mit der männlichen Problematik möglich ist. In Berlin ist ein Institut für Sexualwissenschaft gegründet worden, an dem sowohl theoretische Seminare als auch Selbsterfahrungsgruppen, für Männer Männergruppen, Schwulengruppen, Bisexuellen-Gruppen angeboten werden sollen.

Auch die schwulen Beratungsstellen sollten sich mehr der männlichen Problematik zuwenden und nicht nur an der Beseitigung der Diskriminierung von Homosexualität arbeiten. Das kann zunächst in den bestehenden Gruppen geschehen, die sich allerdings meiner direkten Kenntnis bislang entziehen.

Durch das Angebot einer 'gemischten Männergruppe' ausgehend von schwulen Initiativen - eine solche wurde bspw. von den schwulen

Soziologen Berlin initiiert - könnte das schwule Getto geöffnet werden, ohne dass Heteros die Aktionen vereinnahmen und Schwule an den Rand drängen könnten, wie dies in anderen Männergruppen häufig geschieht; und schwule Männer könnten daran gehen, sich mit ihrem oft nur unzureichend geklärten Verhältnis zu Frauen auseinanderzusetzen, indem sie sich mit heterosexuell lebenden Männern austauschen.

Am sinnvollsten und effektivsten erscheint es mir, mit großer Vielfalt statt Einfalt der männlichen Misere zu begegnen und damit auf die unterschiedlichen Hintergründe von Männern, die sich wirklich ändern wollen, einzugehen.

24.   Ist denn nun Männeremanzipation möglich? – Einschätzungen

Wie problematisch und widersprüchlich es um die Männeremanzipation bestellt ist, habe ich versucht darzustellen. Am Ende ist es eine Glaubensfrage, ob sie tatsächlich möglich ist oder nur eine Seifenblase auf dem schäumenden Meer der Frauenbewegung ... Sind die Widerstände gegen Männeremanzipation überwindbar oderwerten sie sich, durch die männerbeherrschte Umwelt stetig genährt, auf immer neuen Wegen, mal soft, mal straight, weiter durchsetzen? Frauen würde ich nicht empfehlen, auf die Karte der Männeremanzipation zu setzen. Die Einschätzung der Männeremanzipation durch andere Autoren und Autorinnen reicht von der totalen Leugnung bis zum Revolutionshit:
"Die gegenwärtige Ordnung des Geschlechterverhältnisses wird von der großen Mehrheit der Männer bejaht."[35] behauptet Helge Pross. Daran gibt es wohl leider auch keinen Zweifel. Die Frage bleibt dann noch, gibt es denn überhaupt Männer, die sich wirklich verändern wollen? Und können sie das z.B. in einer Männergruppe?

Gitama berichtet, gefragt nach dem Ziel seiner Männergruppe: "Ja, schon Veränderung, aber nicht so viel."[36] Hartmut erzählt: "In gewisser Weise waren wir alle Narzissten, wir spiegelten uns in unserer Männlichkeit, um sie in anderen Zusammenhängen besser behaupten zu können."[37]

Georg Brzoska kommt zu folgendem Schluss: "In der Regel sind die Männer sensibler geworden und haben sich ein Stück verändert, sie können z.B. persönlicher mit anderen umgehen, oder brauchen Konflikte mit der Freundin nicht mehr auf eine rationale Ebene zu ziehen, sie können eher Gefühle und Sympathie zeigen. Der neue, ganz andere Mann ist noch aus keiner Männergruppe herausgekommen. Die Selbstveränderung als Mann muss immer weiter betrieben werden, da die gesellschaftlichen Einflüsse auch fortbestehen. Männergruppen bewirken dann etwas, wenn der Mann eine Bereitschaft mitbringt, etwas zu lernen, für viele Männer war die Männeremanzipation nur ein kurzfristig aufgesetzter Anspruch, der nachher wieder abgelegt wurde."[38]

W. Hauer fasst es so zusammen: "Die wesentliche Veränderung wurde fast von allen Männern als bewusstere Wahrnehmung anderer Männer geschildert. Durch die sensiblere Wahrnehmung wurden teilweise auch schwule Gefühle entdeckt."[39] Und er glaubt, dass Männer nur im Rahmen der gesellschaftlichen Bedingungen ihre Verhaltens- und Handlungsweisen verändern. Können.[40]

Thomas Ziehe begründet, warum von den Veränderungen nicht so viel sichtbar wird: "Ich habe bei unserer Gruppe das Gefühl, dass unsere Selbstveränderungsschritte zu klein sind, als dass sie Außenstehende beeindrucken könnten, und doch für uns Betroffene zu wichtig, um sie gleich als 'Material' öffentlich zu funktionalisieren.[41]

Ein FU-Männerseminar kam zu folgendem Schluss: "Männer, auch homophile, homosexuell veranlagte, schwule und nicht heterosexuelle, bauen ihre Privilegien, die sie als Männer haben, nicht freiwillig ab."[42] Nicht ohne dass etwas dafür herausspringt, das ist klar. Der 'Gewinn' könnte aber auf einer ganz anderen Ebene liegen als die 'männlichen Privilegien'. Und aus dem, was ich geschrieben habe, sollte offensichtlich geworden sein, dass das Mann-Frau Verhältnis mit dem Begriff der 'Privilegierung' nicht dargestellt und erst recht nicht erklärt werden kann.

Marco Lombardo Radice beschreibt bilderreich die Ambivalenz, in der veränderungswillige Männer sich befinden:
„Aber haben wir denn wirklich Lust (zur Veränderung)? Ja und Nein, glaube ich.

- Ja, weil auch wir das Elend sehen und mit Händen greifen können, das uns umgibt.
- Ja, weil wir Lust zur Veränderung haben. Ja, weil wir Kommunismus brauchen (ein etwas älterer Text ... Anm. des Autors)

Und nein, warum nein?

- Weil wir Privilegien zu verteidigen haben? Macht zu erhalten? Klar, auch das gibt es. Aber auch aus einem ganz anderen, ganz banalen Grund, der vielleicht das Einzige ist, was wir noch gemeinsam haben, wir und ihr, Genossinnen Frauen.
- Weil die Liebe, die wir für Euch empfunden haben und empfinden, mit all ihrer Verdrehtheiten und ihren Monstrositäten doch immer etwas Schönes war.
- Weil es wunderbar ist, Hand in Hand spazieren zu gehen oder einen Nachmittag zusammen im Bett zu verbringen oder zum Küssen in ein Vorstadtkino zu gehen.
- Weil auf dieser Scheißwelt euer Lächeln, eure Brüste und eure Worte die schönsten Dinge gewesen sind.
- Weil wir Lancelot lieben, der Ginevra liebt, auch wenn er ein chauvinistischer Mann und sie eine Unterdrückte ist.
- Weil wir nicht darum verlegen sind, euch zu sagen, dass wir euch lieben.
- Weil das Leben kurz ist und dem Manne (und der Frau) nichts geschenkt wird.
- Weil wir wissen, dass wir es nicht mehr fertig- bringen werden, die ersten neuen Männer zu sein, und deshalb vielleicht am liebsten die letzten Männer von früher sind."[43]

Ich selbst denke, dass wir sofort anfangen können, uns zu verändern. Wir können aufbrechen und uns auf den Weg machen. Und für mich gibt es dort viel mehr zu gewinnen als hier zu verlieren. Aber da muss wohl jeder Mann selbst draufkommen. Ich bin froh über jeden, der - zumindest ein Stück des Weges - wirklich mit mir geht.

Teil V: Literatur, Anhang und Anmerkungen

25. Literaturverzeichnis

Aregger, Gerold: Bin ich ein Mann? Jede-mann, Juni 1976, Nr. 369, S. 3-7

Arabu, Najib: Solidarität unter Männern? miteinander leben lernen, Berlin, 4 (1979) 1, S. 28 - 30

Beckmann, Dieter; Elmar Brähler und Horst E. Richter: Die Deutschen sind anders geworden. Stern, 30 (Febr. 77) 7, S. 130 - 131

Benard, Cheryl u. Edit Schlaffer: Der Mann auf der Straße. Über das merkwürdige Verhalten von Männern in ganz alltäglichen Situationen. Reinbek: Rowohlt 1980

Bernhardt, Andy: Freizeit auf 'männlich', miteinander leben lernen, Berlin, 4 (1979) 1, S. 17 - 19

Bisinger, Matthias: der nestbeschmutzer. In: Männerkalender '83, Hrsg.: Kollektief Männerröte. Solingen, Berlin/West, Selbstverlag 1982, S. 35 - 40

Bornemann, Ernest: Das Patriarchat. Ursprung und Zukunft unseres Gesellschaftssystems. Frankfurt / M Fischer 1979

Bruckner, Pascal u. Finkielkraut, Alain: Die neue Liebesunordnung. München, Wien: Hanser 1979

Brügge, Peter: "Du willst das Patriarchat in dir bekämpfen". Spiegel, 30 (Nov. 76) 47, S. 207 - 214

Brügge, Peter: "Funken blitzen von unten her". Spiegel 32 (1978) 19, 8. 231 - 241

Brzoska, Georg: Männerrolle und Männergruppen. Versuche der Veränderung dieser Rolle. F'U Berlin 1980 (Diplom Arbeit)

Chesler, Phyllis: Uber Männer. Reinbek: Rowohlt 1982

DeGoila, Rick: Gedanken zur Unterdrückung des Mannes. Schwarze Protokolle, Berlin, Mai 1975 Nr. 11, S. 62 - 68

Devereux, Georges: Angst und Methode in den Verhaltenswissenschaften. Frankfurt/M, Berlin, Wien: Ullstein 1976

Dietzel, Ulli: Männerrolle vorwärts - Männerrolle rückwärts. In: Männersachen. Hrsg.: H.-U. Müller-Schwefe. Frankfurt/M.: Suhrkamp 1979. S. 114 - 154

Dilloo, Rüdiger: Schrei, Mann, wenn du kannst. ZEITmagazin, August 1976, Nr. 36/27, S. 5

Dowling, Colette: Der Cinderella Komplex. Die heimliche Angst der Frauen vor der Unabhängigkeit. Frankfurt/M.: Fischer 1982

Endlich nicht mehr stark sein müssen. Die Nase voll vom Supermann. Selbsterfahrungsberichte aus einer Frankfurter Männergruppe. Pardon, Sept. 1976, Nr. 9, S. 79-83

Enneking, Rudolf: Zur Genese und Problematik männlicher Geschlechtsidentität. FU Berlin 1981 (Dipl. Arb.)

Estrade, Patrick: Therapie - die Chance, ein neuer Mann zu werden, miteinander leben lernen, Berlin, 4 (1979) 1 S. 41-43

Fasteau, Marc. F.: Die Männlichkeitsmaschine. In: Die Harten und die Zarten. Das neue Verhältnis zwischen den Geschlechtern. Hrsg.: Psychologie Heute Redaktion. Weinheim, Basel: Beltz 1982, S. 15

Franck, Barbara: Mütter und Söhne. Gesprächsprotokolle mit Männern. Hamburg: Hoffmann und Campe 1981

Frings, Matthias u. Elmar Kraushaar: Männer.Liebe. Ein Handbuch für Schwule und alle, die es werden wollen. Reinbek: Rowohlt 1982

Gerhard, Lore: Über die richtige Angst und die falsche Scham. Emotionale Beziehungen zu Klienten. Bedürfnis und Motivation in der Sozialarbeit. Gießen: Focus 1979 (Argumentationen Bd. 42)

Goldberg, Herb: Der verunsicherte Mann. Wege zu einer neuen Identität aus psychotherapeutischer Sicht. Reinbek: Rowohlt 1979

Grauer, Gustav; Herbert Stubenrauch u. Jürgen Zinnecker: Männer, die irritierten Macker. Pad. Extra, Febr. 1979 Nr. 2, S. 22 - 27

Griffin, Susan: Die Angst der Männer vor Frau und Natur: Sinnlich, gierig, grausam. In: Die Harten und die Zarten. Hrsg.: Psychologie Heute Red. Weinheim, Basel: Beltz 1982, S. 88 - 96

Güq: Männergruppen und Schwule, zur kritik von schwulen an männergruppen. versuch einer erklärung. Von Mann zu Mann, Frankfurt/M., Nr. 7, S. 30 – 32

Hauer, Werner: Männergruppen. Veränderungen durch Selbsthilfe. WWU Münster 1990 (Dipl. Arb.)

Hau, Willi u. Angela Jansen (Hrsg.): RoMANNzen. Männer zwischen Trau» und Wirklichkeit. Frankfurt/M.; AZ-Verlag 1979

Hite, Shere: Hite Report, Das sexuelle Erleben des Mannes. München: Bertelsmann 1982

Hoffmüller, Udo u. Stephan Neuer: Unfähig zur Emanzipation? Homosexuelle zwischen Getto und Befreiung. Gießen: Focus 1977 (Argumentationen Bd. 36)

Hofmann, Claudio: Smog im Hirn. Von der notwendigen Aufhebung der herrschenden Wissenschaft. Bensheim: päd. extra buchverlag 1981

Hofmann, Claudio: Über das Unglück, kein Feminist sein zu dürfen. In: Weibliche Utopien - männliche Verluste. Frauen und Linke. Hrsg.: Ästhetik und Kommunikation Berlin 1979, S. 27 - 32 (Ä&K Heft 37)

Hofmann, Jürgen: Lasst es gut sein! Grußadresse linker Männer an die Frauenbewegung in deren zehntem Jahr. In: weibliche Utopien - männliche Verluste. Hrsg.: Ä&K Berlin 1979, S. 33 - 36 (Ä&K Heft 37)

Holler, Ulrike: Am liebsten würden sie gar nicht kommen, nie Pro Familia und die Männer. Sexualpädagogik und Familienplanung, Braunschweig 10 (1982) 6, S. 7-8

Jokisch, Rodrigo (Hrsg.): Mann-Sein. Identitätskrise und Rollenfindung des Mannes in der heutigen Zeit. Reinbek: Rowohlt 1982

Jokisch, Rodrigo: Frauenbewegung. In: Mann-Sein. Hrsg.: Jokisch. Reinbek: Rowohlt 19a2, S. 239 - 242

Jokisch, Rodrigo: Skizzen einer beschädigten Männeridentität. In: Mann-Sein. Hrsg.: H. Jokisch. Reinbek: Rowohlt 1982, S. 13 - 40

Kloehn, Ekkehard: Typisch weiblich? Typisch männlich? Geschlechterkrieg euer neues Verständnis von Mann und Frau? Hamburg: Hoffmann und Campe 1979

Lazukic, Georg u. Peter Rueß: Zwang zur Männlichkeit, miteinander leben lernen, Berlin, 4 (1979) 1, S. 12-16

Lombardo-Radice, Marco (Hrsg.): Der letzte Mann. Machismus und Feminismus: die Krise der Rolle des Mannes. Reinbek: Rowohlt 1978

Lowen, Alexander: Bioenergetik. Therapie der Seele durch Arbeit mit dem Körper. Reinbek: Rowohlt 1979

Männerbilder: Geschichten und Protokolle von Männern. Hrsg.: Wolfgang Müller u.a. München: Trikont 1979

Männergruppe, das nachtcafé, Freiburg, 8 (1982) 20, S. 41 - 104

Männergruppe Frankfurt: Tod dem Patriar(s)chismus. Es lebe der Mann. Diskus, Frankfurter Studentenzeitung, 25 (Mov. 1975) 3, S. 26 - 28

Männerkalender '76. Hrsg.: Mann o Mann. Berlin 1975

Männerkalender 1978. Hrsg.: Kalenderkollektiv Frankfurt 1977

Männerkalender 1980. Hrsg.: Kollektiv Schwarzer Rommel. Köln, Berlin, Frankfurt/M 1979

Männerkalender '81. Hrsg.: Kollektiv rosaroter Panther. Köln Berlin 1980

Männerkalender '83. Hrsg.: Kollektief Männerröte. Solingen, Berlin 1982

Männerkalender 1984. Hrsg.: Kollektief Männerröte. Solingen, Köln 1983

Männersachen. Verständigungstexte. Hrsg.: H.-'ü. Müller-Schwefe. Frankfurt/h: Suhrkamp 1979

Mann, Der. Ansätze für ein neues Bewusstsein. E. Bornemann u.a. Wuppertal: Peter Hammer Verlag 1977

Mann o Mann. Männerzeitung Berlin 1975

Mannsbild. Männerzeitung. Hrsg.: Kollektiv Mann o Mann. Sommer 1976

Mecking, Klaus u. Heino Stöver: Männersexualität. Gespräche Bilder Notizen. Bremen: Verlag Roter Funke 1980

Meulenbelt, Anja: Die Männerfrage. Über Männer und Männerbefreiung. In: A. Meulenbelt: Feminismus. Aufsätze zur Frauenbefreiung. München: Frauenoffensive 1982

Michaelis, Peter: Die Zurückhaltung des Mannes gegenüber der Psychotherapie, miteinander leben lernen, Berlin 4 (1979) 1, 8. 39 – 40

Moeller, Michael Lukas: Anders Helfen. Selbsthilfegruppen und Fachleute arbeiten zusammen. Stuttgart: Klett - Cotta 1991

Moeller, Michael Lukas: Männermatriarchat. Nachwort in: B. Franck: Mütter und Söhne. Hamburg: Hoffmann und Campe 1981

Moeller, Michael Lukas: Selbsthilfegruppen. Reinbek: Rowohlt 1978

Naumann, Michael; Von der alltäglichen Ratlosigkeit in Männergruppen. Berliner Hefte, April 1978, Nr. 7 S. 47 - 52

Nichols, Jack: Men's Lib. Die Emanzipation des Mannes. Düsseldorf, Köln: Diederichs 1976

Nieder, Peter: Emanzipation und 'emanzipatorische' Gruppendynamik. Gruppendynamik 10 (1979) 2, S. 116 - 123

Nitzschke, Bernd: Männerängste, Männerwunsche. München: Matthes & Seitz 1980

Nørretranders, Tor (Hrsg.): Hingabe. Über den Orgasmus des Mannes. Reinbek: Rowohlt 1983

Gelschlägel, Dieter: Emanzipation. In: Wörterbuch Soziale Arbeit. Hrsg.: D. Kreft u. I. Mielenz. Weinheim, Basel 1980, S. 124 - 126

Pilgrim, Volker Elis: Ich bin eine Pflanze. Über den Umgang mit meiner Schwäche und die Wiederannäherung des Mannes an die Natur. In: Mann-Sein. Hrsg.: R. Jokisch. Reinbek: Rowohlt 1982

Pilgrim, Volker Elis: Manifest für den freien Mann. München: Trikont 1979

Pilgrim, Volker Elis: Männerbewegung - Suchbewegung. Sexualpädagogik und Familienplanung, Braunschweig 10 (1982) 6, S. 2 - 4

Pilgrim, Volker Elis: Der verunsicherte Mann. Vorgänge, Weinheim, 15 (Emanzipation der Männer) (1976) 19. S. 48 - 52

Plenge, Jllis: Die Emanzipation des Mannes. Bilanz und Ausblick. Stuttgart: Adolf Bonz & Co 1969

Preuss-Lausitz, Ulf: Der Linke und der schwule Mann. Rede eines Linken Schwulen an sich selbst = Gesammelte Widersprüche, den verwirrten Männern gewidmet. In: Sexualität. Hrsg.: Ästhetik und Kommunikation Berlin 1980, S. 26 - 41 (Ä&K Heft 40/41)

Pross, Helge: Die Männer. Eine repräsentative Untersuchung über die Selbstbilder von Männern und ihre Bilder von der Frau. Reinbek: Rowohlt 1978

Richter, Horst E.: Lernziel Solidarität. Reinbek: Rowohlt 1974

Rödner, Helmut: Männergruppen. Versuche einer Veränderung der traditionellen Männerrolle. Berlin: editora queimada 1976 (?)

Ruppert, Wolfgang: Notizen zur Geschichte und Programmatik von Emanzipation. Vorgänge, Weinheim, 15 (1976) 19 S. 60 - 63

Schenk, Herrad u. Werner Langenheder: Wie männlich ist der Mann. Ergebnisse einer Leserumfrage. Psychologie Heute, Weinheim, Febr. 1977, Heft 2, S. 51 - 57

Schimmang, Jochen: Text Nr. 1 - auf die Frauenbewegung schielend. In: Männersachen. Hrsg.: H.-U. Müller-Schwefe. Frankfurt/M: Suhrkamp 1979

Schmidbauer, Wolfgang: hie Emanzipation des Mannes. Kritik des Rollenklischees. Vorgänge, Weinheim, 15 (1976) 19, S. 29 - 35

Schmidbauer, Wolfgang: Helfen als Beruf. Die Ware Nächstenliebe. Reinbek: Rowohlt 1983

Schmidbauer, Wolfgang: Seelische Hausarbeit. Gedanken zu den männlichen Spaltungen und ihrer Überwindung. In: Mann-Sein. Hrsg.: R. Jokisch. Reinbek: Rowohlt 1982, S. 90 - 108

Schneider, Peter: hie Sache mit der 'Männlichkeit'. Gibt es eine Emanzipation der Männer? Kursbuch 35, April 1974, S. 103 - 132

Sölle, Dorothee: Über die Unterdrückung des Mannes. In: Der Mann. E. Bornemann u.a. Wuppertal: Hammer, 1977, S. 9 - 15

Stoller, Robert: Perversion. Die erotische Form von Hass. Reinbek: Rowohlt 1979

Theweleit, Klaus: Männerfantasien. Bd. 1. Frauen Fluten, Körper, Geschichte. Reinbek: Rowohlt 1980

Theweleit, Klaus: Männerfantasien. Bd. 2. Männerkörper - Zur Psychoanalyse des weißen Terrors. Reinbek: Rowohlt 1980

Tramontana, Reinhard: ...über Emanzipation. Irren ist männlich. Eine Polemik für Männer, die für Frauen sind. Luzern u, Frankfurt/M: Bucher 1979

Unbecoming Men. Hrsg.: Aachener Männergruppe. Aachen: Selbstverlag 1975

Vinnai, Gerhard: Las Elend der Männlichkeit. Heterosexualität, Homosexualität und Ökonomische Struktur. Reinbek: Rowohlt 1977

Vinnai, Gerhard: Liebeselend und verinnerlichte Ökonomie. In: Mann-Sein. Hrsg.: R. Jokisch. Reinbek: Rowohlt 1982, S. 143 - 163

Vinnai, Gerhard: Sexuelle Beziehungen und Ökonomie. Thesen zur Theorie der Männlichkeit. Päd. Extra, Febr. 1979 Nr. 2, S. 28 - 32

Wagner, Cora: Die Physiologie und die Sexualfunktion des Mannes. In: Hingabe. Hrsg.: T. Nørretranders. Reinbek: Rowohlt 1983, S. 93 - 103

Wanke, Werner: Ich bin ein Mann, jawoll! In: Männerbeschreibungen. Hrsg.: G. Wolter. Trier: éditions trèves 1980, S. 6 - 27

Wilhelm, Gerhard: Unter Brüdern. Zur Emanzipation des Mannes. Frankfurt/M.: Fischer 1982

Wolff, Charlotte: Bisexualität. Frankfurt: Coverts 1979

Ziehe, Thomas: Über Männergruppen. Pad. Extra, Februar 1979 Nr. 2, S. 32 – 36

26. Anhang

Schriftwechsel zur Einrichtung einer Männergruppe in einem Berliner Bezirksamt

Bezirksamt .., von Berlin, Abt. Gesundheitswesen

Berlin, 28.10.82

An Ges L
Über Ges

<u>Betr.</u>: Einrichtung einer Männergruppe beim SMD

Im Rahmen des Projekts '"Beratung in Institutionen der Familienplanung" im Hauptstudium an Der FHSS bin ich z.Z. als Projektpraktikant beim SMD.
In der Familienplanungssprechstunde sowie der Beratung nach § 218b StGB sind, wir häufig mit Mann-Frau Konflikten konfrontiert, die auch mit Bewusstseinsdefiziten des Mannes in Zusammenhang mit seiner Rolle bei Empfängnisverhütung und Sexualität einhergehen. Das Angebot des SMD in diesen Bereichen wird im Wesentlichen von Frauen wahrgenommen.
Darin kommt die gesellschaftliche Auffassung, Empfängnisverhütung sei allein Frauensache, zum Ausdruck. Diese Auffassung führt nicht galten zu Partnerkonflikten und sexuellen Problemen bis hin zu ungewollten Schwangerschaften. In diesen Zusammenhang halte ich ein männerspezifisches Angebot für notwendig und sinnvoll, um Männern, die bereit sind, ihre Rolle zu überdenken und zu bearbeiten, dazu Möglichkeit und Hilfestellung zu geben.
Den Versuch eines solchen Angebots möchte ich in Zusammenarbeit mit einem Psychologen, der auf Honorarbasis arbeiten könnte, unternehmen. Da im SMD sonst keine männlichen Mitarbeiter beschäftigt sind, bietet sich der Zeitraum meines Praktikums besonders an. Zunächst sind acht Sitzungen à zwei Stunden vorgesehen bei einer Teilnehmerzahl von 8-12 Männern. Ich bitte, die Möglichkeit der Gewährung von Honorarmitteln zu prüfen. Sollte

dies teilweise oder ganz ausgeschlossen sein, könnte evtl. ein Teilnehmerbeitrag erhoben werden. Als Raum steht der Gruppenraum des SMD zur
Verfügung.

In der Dienstbesprechung am 27.10.82 wurde dieser Versehlag von allen
anwesenden Mitarbeitern begrüßt und für sinnvoll gehalten.

(Matthias Bisinger, Projektpraktikant)

TOP 6: Schreiben von Praktikant Bisinger betr. Einrichtung einer Männergruppe hat Beifall gefunden und geht ans Amt.

Bezirksamt .., von Berlin, Abt. Gesundheitswesen

Berlin den 3.1. 83/Bz.

Betr.: Ausweitung der Gruppenarbeit
hier: Angebot einer "Männer-Gruppe"

Zur Erfüllung Ihres gesetzlichen Auftrages, "Eheberatung, Familienplanung und Schwangerschaft" durchzuführen/anzubieten, bitte ich, möglichst kurzfristig die Voraussetzungen für die Errichtung einer "Männer-Gruppe" als Dienstaufgabe Ihres Referats zu schaffen. Unterzeichner hält dies nicht nur aus den o. a. Gründen, sondern darüber hinaus auch als Erfüllung des Gleichheitsgrundsatzes und aus methodisch-inhaltlichen Gründen für erforderlich.

Es wäre sicher günstig, zunächst ein "allgemeines Angebot" zu unterbreiten, ehe spezielle Angebote für bestimmte Zielgruppen der Krankheitsbilder (Erregungs-/ Orgasmus-Störungen o.ä.) unterbreitet werden. Evtl. erforderlich werdende Rücksprachen und die Korrespondenz bitte ich, direkt mit dem Unterzeichner zu führen,
Im Rahmen der wöchentlichen Runde werde ich von dieser geäußerten Bitte Mitteilung machen, so dass die leitenden Mitarbeiter der Abt. Ges. über dieses Projekt und den Wunsch des Unterzeichners informiert sind.

Bezirksamt .., von Berlin, Abt. Gesundheitswesen

Betr.: Angebot einer "Männergruppe"

Bezugnehmend auf Ihr Schreiben vorn 3.1.83 möchte ich mitteilen, dass wir Ihrer Bitte um Einrichtung einer Männergruppe kurzfristig nachkommen können. Ich habe Herrn Bisinger. derzeit Sozialarbeiter-Praktikant beim SMD mit der Organisation beauftragt. Die Gruppe könnte geleitet werden von dem Arzt und Gestalttherapeuten Herrn ... , der sich bereits in einer Dienstbesprechung vorgestellt hat'. Das Honorar für Herrn ... würde von den Teilnehmern aufgebracht werden.
Eine Pressemitteilung. in der über dieses Angebot informiert wird, ist beigefügt. Über die Möglichkeit der Diskussion des Themas im SFB werden Sie informiert. sobald die Angelegenheit konkret wird.
Die zweite Anlage ist zum Aushang in verschiedenen Beratungsstellen wie SMDs, Pro Familia. Geschlechtskrankenberatungsstellen und freien Praxen vorgesehen.

BEZIRKSAMT ...
VON BERLIN
- Pressestelle –

AKTUELL Nr. ...

Gesundheitsstadtrat teilt mit:

Nun auch 'MÄNNERGRUPPE'
beim Sozialmedizinischen Dienst
für Eheberatung, Familienplanung
und Schwangerschaft

Gesundheitsstadtrat ... kann nun in Ausweitung der Gruppenarbeit der Abteilung Gesundheitswesen eine 'Männergruppe' anbieten.

Diese Gruppe gibt Männern die Möglichkeit, ihre spezifische Rolle in Partnerschaft und Sexualität und die damit zusammenhängenden Konflikte besser wahrzunehmen und darüber miteinander ins Gespräch zu können.
Für die Gruppe ist eine begrenzte Teilnehmerzahl vorgesehen. Es werden zunächst im Februar/März 1983 acht Treffen angeboten. Die Unkosten betragen DM 10,-- bis 12-- pro Treffen und Teilnehmer.

Stadtrat: "Ich hoffe, dass nun die freundschaftlich- ironische Kritik von Männern wegen der Bevorzugung von Frauen in Gruppenarbeit der Vergangenheit angehört!"

Interessierte Männer werden gebeten, sich beim Sozialmedizinischen Dienst zu melden.
Telefon: ...

Bezirksamt ... von Berlin

Abt. Gesundheitswesen
Sozialmedizinischer Dienst für Eheberatung, Familienplanung und Schwangerschaft

"Wenn ich nicht einmal weiß, was ich mit mir alleine anfangen soll, wie soll ich da mit meiner Partnerin klarkommen. Kein Wunder, dass wir ständig Krach haben. Und Miteinanderschlafen klappt auch kaum noch. Ich will wissen, wie es anderen Männern damit geht."

Für Männer mit solchen und ähnlichen Gedanken bieten wir eine

Männergruppe

an zu den Themen:
- Männliches Selbstverständnis -   Mann-Sein und Potenz
- Konflikte in der Partnerschaft -   Sexualität und Leistung
- Männliche Sexualität und Schwierigkeiten damit

Über solche Themen mit anderen Männern zu reden, dazu gehört Lust und Mut, sich einzulassen.

Die Gruppe von 8-10 Männern wird geleitet von zwei Mitarbeitern des Sozialmedizinischen Dienstes.
Vorgesehen sind 8 Sitzungen à zwei Stunden ab Februar 83, jeweils Freitag 17.30 im Gruppenraum des SMD.
Der Teilnehmerbeitrag beträgt ca. 10.-- DM pro Sitzung und Teilnehmer.

Interessenten melden sich unter der Tel.: ...

27. Anmerkungen

Anmerkungen Teil I
[1] Nitschke, S. 169
[2] Vinnai, Das Elend der Männlichkeit
[3] Hofmann, Cl., Smog im Hirn, S. 48
[4] ebd. S. 47
[5] ebd. S. 8
[6] ebd. S. 23
[7] ebd. S. 24
[8] ebd. S. 7
[9] Theweleit, Bd. 1 S. 225
[10] ebd. S. 377
[11] Hofmann, Cl., Smog im Hirn, S. 125
[12] Rödner, S. 13
[13] Sender Freies Berlin: Die Harten und die Zarten. Eine Sendung über Gefühle, Zärtlichkeit und Sexualität von Männern. SFB 3 23.5.1983

Anmerkungen Teil II
[1] Pilgrim, Männerbewegung – Suchbewegung, S. 2
[2] Kopenhagen vom 14.-16. August 1982, Berlin vom 12.-15. Mai 1983, Gent vom 12.-15. August 1983
[3] Von Mann zu Mann. Männerzeitung
[4] Knußmann, Rainer: Der Mann. Ein Fehlgriff der Natur. Stern Nr. 18 /April 1982 * Brown Parlee, Mary: Auch Männer haben ihre Tage, Psychologie Heute, Weinheim 1979 * Roques, Valeska von: USA: Entmannung des Mannes. Der Spiegel 37 1983
[5] Plenge, S. 7
[6] Männerbilder, S. 53
[7] Pross, S. 11
[8] Richter, H.E., S. 53
[9] Pilgrim, Der verunsicherte Mann, S. 49f
[10] Pilgrim, Manifest, S. 113
[11] Hite, S. 304
[12] Rödner, S. 23
[13] Nitzschke, S. 178
[14] Hite, S. 304
[15] Hofmann, CI., Über das Unglück ... S. 29
[16] Hite, S. 306
[17] Lombardo-Radice, S. 12

[18] Hopp, Reinhard, Petition an uns're Schwestern, In: Männerkalender 83, S. 111

[19] Goldberg, S. 10

[20] Bruckner/ Finkielkraut, S. 182

[21] Zander, Hans Conrad: Die Männer werden keusch. Stern Nr. 51/Dez. 1982, S. 48 - 53

[22] Grauer/Stubenrauch/ Zinneker, S. 25

[23] Für eine Überraschung ist die Männergruppe immer gut. Das Nachtcafé, Freiburg, (1982) Nr.20, S. 48

[24] Aregger, S. 6

[25] Grauer/Stubenrauch/ Zinneker, S. 27

[26] Aachener Männergruppe: Männer!!! § 218 geht auch uns an !!!. In: Männerkalender '76, S. 33

[27] Pilgrim, Der verunsicherte Mann, S. 5

[28] Dietzel, S. 117

[29] Preuss-Lausitz, S. 30f

[30] Jokisch, Frauenbewegung, S. 241

[31] Hofmann, Cl., Über das Unglück ..., S. 27

[32] Brzoska, S. 46f

[33] ebd., S. 48

[34] Pilgrim, Männerbewegung ..., S. 3

[35] Männerbilder, S. 49

[36] Männergruppe Frankfurt, S. 28

[37] Ziehe, S. 33

[38] Für eine Überraschung ..., a.a.O., S. 42

[39] Schimmang, S. 16

[40] Rödner, S. 23

[41] Martin, Männergruppe als Politik und Politik der Männergruppe In: Männerkalender 1980, S. 215

[42] Pilgrim, Manifest, S. 80

[43] Ziehe, S. 34

[44] Shirley, Ende eines Traumes. In: Mann 0 Mann, S. 1

[45] Pilgrim, Männerbewegung .... S. 2f

[46] Martin, a.a.O., S. 218 (Anm. 11/4 1)

[47] Von Mann zu Mann, Männerzeitung, erscheint z.Zt. unregelmäßig in Frankfurt/M., mit Lokalredaktionen in Berlin, Bielefeld u.a.

[48] Der Artikel erschien im Frühjahr 1983 in: die tageszeitung, auf der Frauenseite.

[49] Hite, S. 98ff

[50] Hite, S. 104

[51] Wolff, Ch., S. 50

[52] Tramontana, S. 7

[53] ebd., S. 141

[54] Pross, S. 15ff

[55] Enneking, S. 35

[56] Jokisch (Hrsg.), S. 10

[57] Vgl. Rödner, S. 20/21

[58] Scnmidbauer, Seelische Hausarbeit, S. 105

[59] Männerkalender '76, S. 178

[60] Lazukic/Rueß, S. 15

[61] Rödner, S. 16

[62] Pross, S. 69

[63] Moeller, Männermatriarchat, S. 213

[64] ebd., S. 225

[65] Jokisch (Hrsg.) S. 9

[66] Schimmang, S. 17

[67] Benard/Schlaffer, S. 264

[68] Bisinger, S. 37

[69] Meulenbelt, S. 254

[70] Männer - die keine Männer mehr sein wollen. Thing, Zeitschrift für Praxis und Theorie 4 (o.J.) Nr. 9/10, S. 35 (vgl. Grauer u.a., S. 25)

[71] ebd., S. 35

[72] ebd., S. 36

[73] DeGolia, S. 67

[74] Brzoska, S. 92

[75] Dietzel, S. 120

[76] Goldberg, S. 11

[77] Benard/Schlaffer, S. 266

[78] Meulenbelt, S. 256

[79] Nichols, S. 129

[80] DeGolia, S. 68

[81] Hite, S. 98

[82] Theweleit, Bd. 1, S. 311

[83] ebd., S. 431

[84] ebd., S. 414

[85] Hite, S. 470

[86] Hanso/Micha, Gute Ratschläge zur Empfängnisverhütung und warum wir den Schwanz nicht mehr so gerne reinstecken. In: Mann 0 Mann, S. 6

[87] Zind, Lust ohne Last? Sterilisation? Ich habe mich sterilisieren lassen! In: Männerkalender 1978 S. 196

[88] ebd., S. 20

[89] Hanso/Micha, a.a.O., S.6

[90] Schneider, S. 125f

[91] Pilgrim, Manifest, S. 87

[92] Benard/Schlaffer, S. 15

[93] Wilhelm, S. 139
[94] Dowling, S. 29

Anmerkungen Teil III

[1] Nieder, S. 116
[2] Michael, Es war einmal eine Männergruppe - meine Erfahrungen. In: Dietzel, S. 128
[3] Nichols, S. 42
[4] Ruppert, S. 63
[5] Oelschlägel, S. 124
[6] Hoffmüller/ Neuer, S. 250
[7] Oelschlagel, S. 125
[8] Hoffmüller/ Neuer, S. 252
[9] Oelachlägel, S. 126
[10] Hoffmüller/ Neuer, S. 251
[11] Sieder, S. 118
[12] Wilhelm, S. 141ff
[13] Benard/Schlaffer, 8. 272
[14] Brzoska, S. 50
[15] Richter, H.B., S. 42
[16] ebd., S. 45
[17] ebd., S. 48
[18] Moeller, Anders Helfen, S. 190
[19] ebd.., S. 191
[20] Vgl. Haller, S. 7f
[21] Nichols, 8. 45
[22] Röhner, S. 16
[23] Saumann, S. 43
[24] fehlt
[25] Pilgrim, Der verunsicherte Mann, S. 50
[26] Gaumann, S. 45f, vgl. Hite, S. 1044
[27] Für eine Überraschung ..., a.a.0., S. 42 (Ann. 11/25)
[28] Michael, a.a.O., S. 126 (Anm. III/2)
[29] Böhringer, Christian, Zwei Jahre Männergruppenerfahrung und Perspektiven!!!!! In: Männerkalender 1980, S. 11
[30] Benard/ Schlaffer S. 7
[31] Estrade, S. 45
[32] Pross, S. 102
[33] Goldberg, S. 10
[34] Armin, Männer wollt ihr ... bleiben, De Maa Nr. 9 / März 1982, S. 3
[35] Vinnai, Sexuelle Beziehungen und Ökonomie, S. 30

[36] Nieder, S. 117

[37] Aregger, S. 3

[38] Ebd., S. 6

[39] Heiner, Männersolidarität. in: Mannsbild, S. 21

[40] Riese, Gerd: let your ying yang hang out. In: Männerkalender 1980, S. 50

[41] Pilgrim, Der verunsicherte Mann, S.52

[42] Schmidbauer, Seelische Hausarbeit, S. 95

[43] Theweleit, Bd. 1, S. 33

[44] Donald, Körper. In: Männerkalender 1978, S. 155

[45] Wagner, Gorm, S. 102

[46] Sölle, S. 10

[47] Theweleit, Bd. 2, S. 210ff, und Bd.1, S. 223

[48] Jokisch, Skizzen einer beschädigten Männer-Identität. S. 18

[49] Pilgrim, Manifest, S. 59

[50] Schimmang, S. 33

[51] Bernhardt, S. 17f

[52] ebd., S. 19

[53] Wanke, S. 19

[54] Theweleit, Bd.1, S. 113, vgl. Griffin, S. 88ff

[55] Stoller, S. 175 ff; Moeller, Männermatriarchat.

[56] Theweleit, Bd.2, S. 274

[57] Bullinger, H.: Wenn Manner Väter werden. Reinbek T983 Das Väterbuch. Hrsg.: H. Gerspach u.a. Frankfurt/M 82

[58] Theweleit, Bd.2, S. 270ff

[59] Fasteau, S. 15

[60] Theweleit, Bd. 1, S. 280

[61] ebd., S. 215ff

[62] ebd., S. 303ff

[63] ebd., S. 308

[64] ebd., S. 281

[65] ebd., S. 285

[66] Männerkalender '76 S. 43

[67] Bruckner/Finkielkraut, S. 233

[68] ebd., S. 234f

[69] Pilgrim, Manifest ..., S. 90

[70] Nørretranders, S. 18

[71] Bornemann, Das Patriarchat, S. 530

[72] Nitzschke, S. 218

[73] ebd., S. 222

[74] Irigaray, Luce, zit. nach: Theweleit, Bd. 2, 3.107

[75] Wolff, Ch., S. 11

[76] Shirley, a.a.O., S. 1 (Anm. II/44;

[77] Aregger, S. 3

[78] Riese, Gerd: Als 'Softi' im Faschismus? In: Männerkalender 1980, 8. 125

[79] Vinnai, Das Elend, S. 158

[80] ebd., S. 157

[81] Benard/Schlaffer, S. 265

[82] Stephan, Vinnai und die abstrakten Männer. In: De Maa, Zürich, Nr. 2, S. 24

[83] Rödner, S. 29

[84] Titel einer Vorlesungsreihe der Lessinghochschule, Berlin 1982/83

[85] Moeller, Anders Helfen, S. 15

[86] ebd., S. 18

[87] ebd., S. 19

[88] Nieder, S. 121

[89] Moeller, Anders Helfen, S. 20

[90] Gerhard, Glanz und Elend der Männergruppen. In: Männerkalender 1981, S. 11

[91] Moeller, Selbsthilfegruppen, S. 87

[92] Moeller, Anders Helfen, S. 23

[93] ebd., S. 274

[94] ebd., S. 31ff

[95] ebd., S. 192

[96] Brzoska, S. 52

[97] lt. Bericht auf dem Berliner Männerforum. August 1983

[98] Vgl. Pilgrim, Manifest ..., S. 114 ff und Gerd, interviewt von Ulli Dietzel. In: Hüller-Schwefe (Hrsg.), S. 158

[99] Pilgrim, Manifest .... S. 115

[100] ebd., S. 116

[101] ebd., S. 118

[102] Hauer, S. 61 und Ziehe, S. 35

[103] Gerhard, a.a.0., S. 10

[104] Aregger, S. 7

[105] Pilgrim, Der verunsicherte Mann, S. 52

[106] Goldberg, S. 109

[107] Brzoska, S. 60

[108] Ziehe, S. 34f

[109] lt. Bericht auf dem Berliner Männerforum, August 83

[110] Wanke, S. 21

[111] Brzoska, S. 57

[112] Naumann, S. 49

[113] Wilhelm, S. 150

[114] Brzoska, S. 64

[115] Maletzke, Elsemarie, Das Ringelschwänzchen wird bemäntelt. Eine Tirade gegen die 'softies' Pardon, Mai 1976, S. 95

[116] Rödner, S. 22

[117] Vgl. Moeller, Anders Helfen, S. 63

[118] Vgl. Brzoska, S. 44

[119] Ziehe, S. 35

[120] Frings/Kraushaar, S. 212

[121] Wanke, S. 10

[122] Männerkalender 1978, S. 36

[123] Männerkalender '76, S. 180

[124] Frings/Kraushaar, S. 222

[125] Männerkalender 1980, S. 237

[126] ebd., S. 239

[127] Preuss-Lausitz, S. 36ff

[128] Hite, S. 741ff

[129] Männerkalender 1980, S. 240

[130] Nitzschke, S. 163

[131] ebd., S. 157

[132] Goldberg, S. 111

[133] Theweleit, Bd.1, S. 62

[134] Theweleit, Bd. 2, S. 330

[135] Brzoska, S. 43

[136] Frings/Kraushaar, S. 226

[137] Pilgrim, Manifest ..., S. 63

[138] ebd., S. 83

[139] Lombardo-Radice, S. 26f

[140] ebd., S. 25

[141] Preuss-Lausitz, S. 28/30

[142] Pilgrim, Manifest ..., S. 79

[143] Pilgrim, Ich bin eine Pflanze, S. 61

[144] Vgl. Pilgrim, Manifest .... S. 53

[145] Frings/Kraushaar, S. 226

[146] Arabu, S. 30

[147] Richter, H.E., S. 53f

[148] Schmidbauer, Die Emanzipation des Mannes, S. 35

[149] Hauer, S. 135

[150] ebd., S. 137

[151] Kloehn, S. 227

[152] ebd., S. 229

[153] Moeller, Männermatriarchat, S. 216

[154] Bruckner/ Finkielkraut, S. 132

[155] Bornemann, Das Patriarchat, S. 631
[156] Hofmann, Jürgen: S. 36
[157] Hofmann, Claudio: S. 27
[158] Schmidbauer, Seelische Hausarbeit, S. 90
[159] Aregger, S. 7
[160] Wilhelm, S. 148

Anmerkungen Teil IV

[1] Oelschlägel, S. 126
[2] Vgl. Schmidbauer, Helfen als Beruf, S. 242
[3] Benard/Schlaffer, S. 15
[4] Vgl. Moeller, Anders Helfen, S. 277
[5] Schmidbauer, Helfen als Beruf, S. 22
[6] Gerhard, Lore: S. 15
[7] Schmitz, Jürgen hat in den Jahren 1980 - 1982 mehrere Männerseminare am PI der FU und ein Fortbildungsseminar beim Referat für Fortbildung der FU angeboten.
[8] Holler, S. 7
[9] Moeller, Anders Helfen, S. 16
[10] Richter, H.E., S. 42
[11] ebd., S. 49
[12] Schmidbauer, Helfen als Beruf, S. 24/25
[13] Devereux, S. 67
[14] Alle in Kapitel 20 und 21 genannten Namen sind veränderte Vornamen der interviewten Gruppenleiter.
[15] Wick, Wilhelm: Männeremanzipation ist nicht nur was für Eingeweihte, Männerge-sprächskreise in Volkshochschulen. In: Männerkalender 1980, S. 169
[16] Siehe Anhang, S. 182
[17] Michaelis, S. 59f
[18] ebd., S. 40
[19] Estrade, S. 41
[20] Vgl. Gerd, a.a.O., S. 160, (Anm. III/98)
[21] Hauer, S. 84
[22] Moeller, Anders Helfen, S. 30
[23] ebd., S. 29
[24] Hauer, S. 41
[25] ebd., S. 53
[26] Moeller, Anders Helfen, S. 17
[27] Moeller, Selbsthilfegruppen, S. 364
[28] Moeller, Anders Helfen, S. 25
[29] Moeller, Selbsthilfegruppen, S. 364

[30] ebd., S. 87f

[31] Moeller, Anders Helfen, S. 102

[32] ebd., S. 203

[33] Vgl. Brzoska, S. 57

[34] Vgl. Anm. 11/2

[35] Pross, S. 179

[36] Hauer, S. 170

[37] Hartmut, Konnte mann es Männergruppe nennen? in: Männerkalender 1981, S. 221

[38] Brzoska, S. 75,

[39] Hauer, S. 180, vgl. Böhringer, a.a.O., S. 10 (Anm. 111/29

[40] Hauer, S. 34

[41] Ziehe, S. 36

[42] Männerkalender 1978, S. 138

[43] Lombardo-Radice, S. 28f

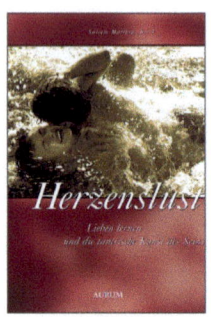

Ein Buch über Lust und Liebe und davon, wie wir beides zusammenbringen können. Die Grundlage dafür bildet die vom Tantra inspirierte Kunst des Seins, eine provozierend einfache Haltung dem Leben gegenüber: Lieben heißt, dich selbst so sein zu lassen, wie du bist.

Zahlreiche Beispiele, berührende Erlebnisberichte und bewährte Übungen machen deutlich, wie die Kunst des Seins auch im Alltag gelebt werden kann.

"Dieses Buch ist eine Einladung, sich von dem echten Leben berühren zu lassen, das in uns allen fließt." Alan Lowen

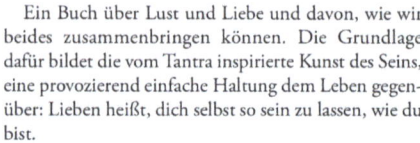

Saleem Matthias Riek: Herzenslust.
Lieben Lernen und die tantrische Kunst des Seins
Broschur 280 Seiten * ISBN 978-3-89901-451-8
Hörbuch 3 CDs * ISBN 978-3-86266-038-4

Nach einem kurzen Blick auf gängige Männerbilder und -klischees und deren jüngsten Veränderungen führen 15 berührende und intime Gespräche von Mann zu Mann mitten in die Vielfalt und den Reichtum männlicher Sexualität.

Mutig, verletzlich, nachdenklich und provokant offenbaren sich hier Männer, die sich weit über die Grenzen klassischer Männlichkeit hinausgewagt haben, jeder auf seine eigene Weise.

"Ich empfehle allen Sexual- und Paartherapeuten aller Geschlechter die Lektüre dieses Buches."
Prof. Dr. Volkmar Sigusch

Saleem Matthias Riek und Rainer Salm:
Lustvoll Mann sein. Expeditionen ins Reich
männlicher Sexualität * Broschur 312 Seiten und
E-Book * ISBN 978-3-89901-920-9

Liebe, Intimität und Sexualität lassen uns im Himmel hoch jauchzen, im Feuer der Sehnsucht schmoren und manchmal verzweifeln. Liebe Leben fordert uns aus den gewohnten Bahnen heraus.

Für Menschen, die ganz konkret lieben lernen wollen, ist dieses Buch eine Schatztruhe. Es ist kein Ratgeber "So gelingt jetzt meine Beziehung mühelos!" und auch kein Rezeptbuch für kosmische Orgasmen.

Wer auf einfühlsame Weise im ganz alltäglichen Suchen nach Glück und Erfüllung angeregt werden möchte, findet hier vielfältige Unterstützung.

"Eine Quelle der Inspiration, auch für die Stolpersteine, die einem so im alltäglichen Liebesleben begegnen" Judit Suman, amazon.de

Saleem Matthias Riek: Leben, Lieben und Nicht Wissen. Einblicke in die tantrische Kunst des Seins * Broschur 184 Seiten und E-Book ISBN 978-3-88334-4544-0

Wer mag sie schon, die Widersprüche in unserem Leben? Sie sind eine Last, rauben uns den letzten Nerv und lassen uns verzweifeln. Doch was geschieht, wenn wir sie nicht länger lösen wollen, sondern von ganzem Herzen annehmen lernen?

Mit Begeisterung, Klarheit, Humor und vielen alltagsnahen, berührenden Beispielen beschreibt der Autor, wie Widersprüche uns Tag für Tag aufwecken und zu innerer Heilung, größerem Gewahrsein und tieferer Liebesfähigkeit führen können.

"Herzensfeuer ist ein konfrontierender, aber immer freundlicher Augenöffner." Connection Spirit Magazin

Saleem Matthias Riek: Herzensfeuer. Eine Liebeserklärung an die Paradoxien des Lebens * Broschur 280 Seiten und E-Book ISBN 978-3-88334-4544-0

189

Liebe, Eros und Bewusstsein sind entscheidende Ingredienzen für ein erfülltes Leben. Wer sehnt sich nicht danach, ein Leben voller Lust und Liebe bewusst zu gestalten und zu genießen?

Um alle drei Phänomene ranken sich Geheimnisse, sie entziehen sich der Machbarkeit. Wir können uns oder kontrollieren, wen oder was wir begehren. Unsere Einflussmöglichkeiten stoßen an Grenzen. Wir haben es mit Mysterien des Lebens zu tun, die uns herausfordern, alte Denkgewohnheiten und Verhaltensweisen loszulassen und uns für Unbekanntes zu öffnen.

"... denn genau hier entsteht diese wunderbare, unvorhersehbare Energie und Kreativität in Begegnung. Und der ekstatische, erotische Liebestanz kann beginnen!" Sylvia Vette Rüggen

---

Saleem Matthias Riek: Mysterien des Lebens.
Wie uns Liebe, Eros und Bewusstsein verwandeln
* Broschur 200 Seiten und E-Book
ISBN 978-3-7412-4006-5

Die gefährliche Unausweichlichkeit der Liebe ist ein Roman über das Spannungsfeld von leidenschaftlicher Sexualität und verbindlicher Liebe. Er gibt einen realistischen Einblick in die Tantra-Szene und die Gefühlswelt von Menschen, die sich auf diesen Weg begeben.

Die Protagonisten sind keine Vertreter tantrischer oder polyamorer Liebesideale, sondern Menschen, die mutig darum ringen, zu lieben und geliebt zu werden.

"Ich bin begeistert! Keine unrealen Klischees, sondern ein Beispiel einer aufkeimenden Liebe ..." amazon Kunde

---

Saleem Matthias Riek: Die gefährliche Unausweichlichkeit der Liebe. Roman
* Broschur 340 Seiten und E-Book
ISBN 978-3969 663776
